# CARREIRA COM VALUATION

**CARO(A) LEITOR(A),**

QUEREMOS SABER SUA OPINIÃO SOBRE NOSSOS LIVROS. APÓS A LEITURA, SIGA-NOS NO **LINKEDIN.COM/COMPANY/EDITORA-GENTE**, NO TIKTOK **@EDITORAGENTE** E NO INSTAGRAM **@EDITORAGENTE**, E VISITE-NOS NO SITE **WWW.EDITORAGENTE.COM.BR**. CADASTRE-SE E CONTRIBUA COM SUGESTÕES, CRÍTICAS OU ELOGIOS.

MIRELLA FRANCO MELO

PREFÁCIO DE **CHRISTIANE ACHÉ**

# CARREIRA COM VALUATION

## A arte de negociar o seu valor profissional

Gente
AUTORIDADE

**Diretora**
Rosely Boschini
**Diretora Editorial**
Joyce Moysés
**Editora**
Carolina Forin
**Assistente Editorial**
Mariá Moritz Tomazoni
**Produção Gráfica**
Leandro Kulaif
**Preparação**
Debora Capella
**Capa**
Miriam Lerner
**Projeto Gráfico**
Márcia Matos
Plinio Ricca
**Diagramação**
Plinio Ricca
**Revisão**
Bianca Maria Moreira
**Impressão**
Assahi


R. Dep. Lacerda Franco, 300 – Pinheiros
São Paulo, SP – CEP 05418-000
Telefone: (11) 3670-2500
Site: www.editoragente.com.br
E-mail: gente@editoragente.com.br

Dados Internacionais de Catalogação na Publicação (CIP)
Angélica Ilacqua CRB-8/7057

Melo, Mirella Franco
Carreira com valuation : a arte de negociar o seu valor profissional / Mirella Franco Melo. - São Paulo : Autoridade, 2025.
160 p.

ISBN 978-65-6107-066-9

1. Desenvolvimento profissional I. Título

25-3090 CDD 658.1

Índices para catálogo sistemático:
1. Desenvolvimento profissional

rme
rede mulher empreendedora®

Toda renda obtida com os direitos autorais deste livro será doada para o Instituto Rede Mulher Empreendedora (RME), que apoia mulheres vulnerabilizadas a alcançar autonomia econômica.
Para saber mais, acesse: **https://institutorme.org.br/**.

# NOTA DA PUBLISHER

Quantas vezes você já se sentiu subestimado, inseguro ou perdido na própria trajetória profissional, mesmo sabendo do seu verdadeiro potencial? Esse dilema tão comum é exatamente o que este livro se propõe a transformar. Em um mercado em constante mudança, em que as carreiras tradicionais já não garantem estabilidade e as competências precisam ser continuamente reinventadas, poucos entendem que uma trajetória sólida deve ser construída como um ativo de valor, tão estratégico quanto qualquer grande negócio.

Foi isso que me fez acreditar de imediato no projeto de Mirella Franco Melo. Desde o primeiro contato com sua obra, percebi que estava diante de alguém que viveu os desafios do mundo corporativo e teve a coragem de se reinventar e transformar sua experiência em um método capaz de abrir horizontes para outras pessoas. A bagagem de Mirella, construída ao longo de anos no setor farmacêutico e potencializada por sua visão empreendedora, dá a este livro uma autoridade rara e uma autenticidade inspiradora.

Mirella traz aqui uma mensagem poderosa: o seu valor profissional não é definido pelo cargo que ocupa, mas sim pela clareza, pela estratégia e pela coragem com que você constrói a sua trajetória.

Ao percorrer estas páginas, você será levado a refletir sobre sua história, a enxergar sua carreira sob uma nova perspectiva e a descobrir caminhos para conquistar autonomia, relevância e sentido no trabalho. É um convite a reconhecer a própria força e a negociar seu valor de maneira consciente e alinhada com seus objetivos mais profundos, assumindo o controle do próprio destino profissional.

Mirella nos lembra que o sucesso não é apenas chegar a algum lugar, mas viver com propósito, de maneira intencional e coerente com quem realmente somos. É com essa inspiração que convido você a se deixar transformar por esta leitura.

**ROSELY BOSCHINI**

CEO e Publisher da Editora Gente

# DEDICATÓRIA

Este livro é uma forma de retribuição a todos que contribuíram para meu crescimento pessoal e profissional – em especial meus pais, Luiz Antônio e Maria Cecília (*in memoriam*).

Como sabiamente disse Denzel Washington, "na primeira parte da vida, a gente aprende. Na segunda, a gente conquista. E, na terceira, a gente retribui".[1]

Que este livro seja minha forma de retribuir e, acima de tudo, inspirar aqueles que desejam traçar seu próprio Plano de Voo e alcançar novos horizontes.

---

[1] Tradução livre. Original: "The first part of your life, you learn; second part of your life, you earn; third part of your life, you return". DENZEL gives the best advice ever! Gladiator 2 - Denzel Washington x Zainab Jiwa. 2024. Vídeo (4min). Publicado pelo canal Zainab Jiwa. Disponível em: https://www.youtube.com/watch?v=IN5zSUEV56Q. Acesso em: 16 jun. 2025.

# AGRADECIMENTOS

Agradeço primeiramente a Deus pela vida, pela saúde e pelas oportunidades que me trouxeram até aqui. É Nele que encontro força e propósito.

À Editora Gente, meu sincero reconhecimento pela confiança, pelo profissionalismo e pela parceria em cada etapa deste livro. À equipe de editores, revisores, designers e todos os envolvidos, minha gratidão pelo cuidado e pela dedicação para tornar este projeto realidade.

À minha família, obrigada pelo apoio constante, pela paciência e pelo incentivo mesmo nos momentos mais desafiadores. Vocês são meu alicerce.

Sou grata por ter tido a oportunidade de conviver com meus pais, que me inspiraram a buscar sempre ser melhor e a trilhar meu caminho com integridade.

Ao meu marido, meu agradecimento especial, por me incentivar a valorizar meu capital intelectual e acreditar no meu potencial.

Aos meus mentores, amigos e a todos que, de alguma forma, contribuíram para que eu chegasse até aqui, muito obrigada pela inspiração e pelo suporte.

Espero que este livro ajude cada leitor a reconhecer e negociar o próprio valor profissional, com clareza e estratégia.

# SUMÁRIO

# PREFÁCIO

Em um mundo onde as mudanças acontecem a uma velocidade impressionante, a maneira como encaramos nossas carreiras precisa evoluir igualmente. É nesse cenário dinâmico que *Carreira com valuation* se apresenta como um farol de inspiração e prática para todos nós que buscamos não apenas um emprego, mas um propósito.

Mirella Franco Melo, com sua bagagem no setor farmacêutico e sua jornada pessoal de autodescoberta, nos convida a repensar o que significa ter valor no mercado de trabalho.

O que eu gosto neste livro é sua abordagem prática e acessível, uma nova maneira de olhar para a sua trajetória profissional. Mirella nos mostra que temos o poder de moldar nossas carreiras como um artista molda a argila. Ela nos ensina a importância de nos vermos como ativos valiosos, dignos de serem reconhecidos e valorizados.

E quem não gostaria de ter um plano de voo para guiar suas decisões e escolhas, não é mesmo?

Prezado passageiro, seja muito bem-vindo!

Prepare-se para embarcar em uma jornada que promete ser tão esclarecedora quanto leve. Se você já se sentiu como um piloto sem mapa no turbulento céu da carreira, não tema! Mirella, nossa intrépida capitã, está aqui para guiá-lo através das nuvens da incerteza até o ensolarado destino do sucesso. Neste livro, ela compartilha suas experiências e valiosas lições com um toque de leveza que só quem já enfrentou os altos e baixos do mundo profissional pode oferecer.

Você vai descobrir que negociar seu valor não precisa ser tão assustador quanto a primeira vez que você tentou usar uma nova tecnologia em uma reunião – aquela vez em que você acabou compartilhando sua tela cheia de fotos da última viagem à Austrália e à Nova Zelândia em vez do relatório que realmente queria mostrar. Todos nós já passamos por isso, não é mesmo?

Prepare-se para traçar o seu Plano de Voo, uma estratégia que vai muito além de simplesmente seguir o fluxo. Mirella nos ensina que, com ousadia calculada e operação consistente, é possível transformar não apenas a sua jornada profissional, mas também a forma como você se vê no mercado.

Afinal, quem disse que o crescimento pessoal e o profissional não podem vir acompanhados de alguma leveza? Mesmo quando a vida lhe der limões, Mirella sugere que você faça uma limonada... ou, melhor ainda, uma deliciosa caipirinha, e celebre suas vitórias!

À medida que você folhear estas páginas, vai se deparar com histórias inspiradoras de uma profissional que, como você, estava em busca de um propósito, de um valor e de um reconhecimento real. Você vai refletir e, quem sabe, até se sentir um pouco mais leve ao perceber que não está sozinho nessa jornada.

Mirella nos mostra que negociar seu valor é como pilotar um avião: você precisa saber para onde está indo, mas também é importante estar preparado para fazer alguns ajustes ao longo do percurso.

Então, convido você a embarcar nesta viagem. Abra sua mente e seu coração e permita-se ser guiado. Este é o momento de descobrir o seu verdadeiro potencial, de negociar seu valor com confiança e de traçar um caminho que não só leve ao sucesso, mas que também seja pleno de significado e alegria.

Ao aterrissar, a mensagem que ressoa é muito clara: somos todos capazes de transformar nossa trajetória profissional em algo significativo e valioso.

Então, afivele seu cinto de segurança, ajuste seu assento e prepare-se para decolar rumo a um futuro brilhante!

Com o conhecimento que você vai adquirir aqui, pode ter certeza de que não apenas alcançará novas alturas, mas também encontrará maneiras criativas de tornar a sua trajetória profissional mais prazerosa e plena de significado.

Lembre-se: o céu não é o limite, é apenas o começo.

E, com bastante estratégia, ousadia em suas escolhas e um pouco de leveza, você pode descobrir até um jeito de fazer o piloto automático trabalhar a seu favor.

Boa leitura e bons voos!

**Christiane Aché,**

eleita pela *Forbes* uma das mulheres mais influentes do país.
Atuou em empresas globais como Airbus, Alstom e GE Renewables.
Hoje, é conselheira empresarial e diretora do Programa de Qualificação de Conselheiras de Administração da *Exame* | Saint Paul.

# INTRODUÇÃO

Ainda não nos conhecemos, mas escrevi este livro pensando em você. Em uma fase reflexiva da vida, percebi que poderia contribuir com algo valioso: ajudar profissionais a enxergarem seu verdadeiro potencial e a transformarem sua jornada profissional em um ativo de valor, algo que transcendesse cargos e empresas, e que os posicionasse de modo estratégico no mercado.

Este livro representa um dos capítulos mais importantes da minha vida, não apenas como um relato das minhas conquistas e dos desafios que enfrentei, mas também como um guia para quem deseja ampliar sua visão, fortalecer seu valor pessoal e conquistar mais autonomia sobre a própria história. Afinal, se há um ativo que nunca pode ser subestimado, é o valor que você constrói ao longo da sua jornada, o qual vem tanto da experiência que você acumula quanto da forma como se posiciona, se reinventa e se torna indispensável e reconhecido pelo impacto que gera.

Meu desejo é que, ao compartilhar minha trajetória, eu possa inspirar você a assumir o controle da sua vida e carreira com estratégia, ousadia e autenticidade. Afinal, sua jornada é mais que um caminho percorrido – é um patrimônio valioso, que pode e deve ser construído, fortalecido e transformado em novas oportunidades.

Para que essa troca faça ainda mais sentido, eu lhe convido a conhecer um pouco mais sobre minha história. Acredito que, ao compartilharmos nossas vivências, criamos conexões genuínas e descobrimos novas formas de evoluir.

E tudo começou com uma inquietação.

Depois de quinze anos construindo uma trajetória sólida no setor industrial farmacêutico, transformei minha própria bagagem profissional em um novo ciclo: o empreendedorismo. Esse movimento me permitiu impulsionar carreiras e apoiar profissionais e empresas em projetos estratégicos para o mercado farmacêutico.

Após anos de dedicação a essa nova fase, alcancei um marco que muitos almejam: a liberdade para escolher os meus próximos passos com intencionalidade, e não mais por necessidade.

A venda da minha participação da empresa da qual estive à frente, somada aos frutos do empreendedorismo, me proporcionaram a possibilidade de reconstruir a minha trajetória com intencionalidade e propósito.

Dentre todas as conquistas, nenhuma foi tão transformadora quanto realizar o meu maior sonho: ser mãe. Para mim, isso deu ainda mais peso a tudo o que construí e reforçou que sucesso não tem a ver apenas com aonde chegamos, mas com as escolhas que nos permitem viver plenamente aquilo que de fato importa.

Com uma trajetória profissional sempre ativa e o desejo de me manter relevante, um dos primeiros movimentos estratégicos neste novo ciclo foi investir no aprendizado contínuo e direcionado. Busquei minha formação como conselheira de administração para integrar a bagagem técnica construída ao longo dos anos com a visão estratégica desenvolvida no empreendedorismo. Essa escolha não só ampliou minha capacidade de contribuir para negócios de modo mais qualificado, como também me trouxe clareza de onde posso gerar valor de maneira genuína.

Essas conquistas tão intensas, no entanto, despertaram em mim uma nova consciência. Em vez de sentir apenas alívio ou realização, fui tomada por um incômodo persistente.

A busca por uma ocupação com significado nesse "novo tempo" reacendeu memórias da minha trajetória no mundo corporativo – algumas das quais ainda me causavam certa angústia. Por mais que eu tivesse orgulho do que havia construído, sabia que muitos momentos da minha jornada foram marcados por um profundo desalinhamento entre o que eu fazia e o que, de fato, me realizava.

Era como um voo sem destino: havia esforço, altitude e comprometimento, mas faltava direção. Eu avançava, mas sem a certeza de estar realmente indo ao encontro do que me fazia sentir plena.

Essa angústia vinha da sensação de viver em constante estado de sobrevivência, sempre movida por uma energia intensa para defender valores e lutar pelo que é certo, mas, ao mesmo tempo, sem encontrar apoio ou intencionalidade real de outras esferas para enfrentar a raiz dos problemas.

Muitas vezes, a estrutura corporativa se mostrava mais disposta a contornar conflitos do que a enfrentá-los, e a falta de preparo para lidar com posturas mais firmes tornava o ambiente ainda mais desafiador. Assim, o peso estava não apenas nas minhas escolhas, mas também na ausência de um ecossistema que compreendesse e valorizasse essa forma de atuação.

Por muito tempo, senti medo. Medo de perder meu emprego e meu sustento. Medo de ser quem eu realmente era e ser julgada por isso. Medo de me posicionar de maneira autêntica e pagar o preço por defender valores que, muitas vezes, não eram prioridade no ambiente corporativo. E esse preço foi alto: muitas vezes, me vi cercada de pessoas, mas sentia uma solidão enorme, porque enxergava o trabalho de um jeito diferente. Eu tinha dor de dono, aquela inquietação que não permite olhar para os problemas e simplesmente ignorá-los. E, enquanto muitos seguiam o fluxo, eu carregava o peso de querer transformar, melhorar e inovar, mesmo que isso significasse "nadar contra a correnteza". O que me angustiava não era somente a rotina, mas a sensação de que, apesar de toda dedicação, eu ainda não estava onde realmente deveria estar.

Essa sensação me acompanhou por anos, mas só ficou completamente clara quando vivi a despedida mais difícil da minha vida: o adeus à minha mãe, que enfrentava uma longa e devastadora batalha contra o câncer.

Não sei se isso já aconteceu com você, mas parece que, às vezes, todos os grandes acontecimentos da vida decidem ocorrer ao mesmo tempo. Comigo foi assim. A venda da empresa, o nascimento do meu filho, a despedida da minha mãe... Tudo isso se entrelaçou em um curto espaço de tempo e me transformou profundamente.

Entre despedidas silenciosas e diálogos que eu nunca quis encerrar, fui tomada por uma certeza inegociável: nada do que construímos em vida importa se não canalizarmos nossa energia para escolhas intencionais, alinhadas a um propósito real – priorizando, antes de tudo, a nossa própria vida e o tempo com quem amamos.

Nesse sentido, separo um espaço aqui para falar de minha mãe, que foi a mulher que me ensinou tudo sobre a vida. Ela me ensinou sobre força, resiliência e a importância de seguir em frente, mesmo quando tudo parece ruir. E por ironia do destino, logo eu, que trabalhei a vida toda na indústria farmacêutica, me vi diante de uma realidade que nem o melhor medicamento do mundo poderia resolver.

Não há nada mais devastador do que a sensação de invalidez com a qual me deparei por não poder ajudar, de maneira concreta, justamente a pessoa que foi a minha base, o meu porto seguro nos momentos mais desafiadores da vida.

Acompanhar seus últimos meses me fez enxergar a vida sob uma nova perspectiva: compreendi, com nitidez, a finitude do tempo e a importância de deixar uma marca positiva no mundo. O tempo com ela era como um pôr do sol: eu sabia que estava terminando, mas queria absorver cada cor, cada nuance, cada segundo antes que a escuridão tomasse conta. Passei a colecionar pequenos instantes como quem guarda diamantes. Cada sorriso, cada abraço, cada palavra, exatamente tudo se tornou precioso demais para ser esquecido.

Era também como se eu tivesse recebido uma passagem para o último voo ao lado dela. Eu sabia que o avião partiria, mas não sabia o dia exato. Isso me fazia querer estar presente, não apenas fisicamente, mas com a alma inteira, com a intenção de viver cada momento como uma escolha consciente.

Essa reflexão despertou em mim um convite silencioso para revisitar o passado com outros olhos. Para entender como cheguei até aqui e conquistar a clareza que tenho hoje, precisei olhar para trás – revisitar os caminhos que percorri, os desafios que enfrentei e as escolhas que moldaram minha trajetória.

Desde bem novinha, eu me destacava por minha autenticidade e aptidão artística. Gostava de cantar, dançar, e era uma criança espontânea e criativa. Dos 3 aos 7 anos, fui fortemente estimulada pelos meus pais nesse sentido. Fazia aulas de dança, de canto, e cheguei até a me apresentar em programas de televisão da época. Sinceramente, não sei se minhas habilidades nesse sentido eram tão extraordinárias, mas isso nunca foi o mais importante. Meus pais valorizavam imensamente a arte e, sem que eu soubesse, me ensinavam algo maior: a importância de ser autêntica. Uma lição que só aos 40 anos compreendi como a mais verdadeira definição de liberdade.

A vida bateu forte desde cedo. Aos 7 anos, recebi a notícia mais triste de todas: o acidente de avião que tirou a vida do meu pai. Naquele instante, a infância perdeu parte da sua leveza, e a imprevisibilidade tomou conta da minha história.

Meu pai, piloto e oficial das Forças Armadas, era um líder nato. Comunicador excepcional, fazia questão de ensinar a mim e aos meus irmãos, desde cedo, a importância da autoconfiança e da persuasão. Mais do que tudo, era um paizão: exigente na medida certa, sempre presente, protetor. Era nosso porto seguro.

Sua ausência deixou um vazio imensurável e uma saudade que ecoa até hoje. Mas também plantou em mim lições profundas que só mais tarde eu compreenderia.

Aos poucos, me tornei uma criança retraída, carregando uma insegurança que afetava minha autoestima e me trazia um sentimento constante de falta de direção. Por anos, me escondi atrás da dor sem perceber. Usava a fragilidade como escudo, como se a compaixão dos outros pudesse validar meu caminho e preencher a ausência de algo que eu ainda não conseguia nomear: o reconhecimento do meu próprio valor.

Mas esse ciclo silencioso apenas me afastava da minha verdadeira força, me mantendo presa à ilusão de que meu valor dependia do olhar externo, quando, na verdade, sempre esteve em mim. Hoje entendo que essas perdas foram alguns dos desafios que moldaram minha essência.

Ressignificá-las foi um processo longo, mas essencial. Depois de um longo processo de autodesenvolvimento e autocura, consigo olhar para essa parte da minha vida como uma das minhas maiores fortalezas. Foram esses desafios que me impulsionaram a ser quem sou e continuam sendo o motor da minha trajetória rumo a cada novo objetivo.

A vida me ensinou, desde cedo, que eu precisaria ser forte e independente para superar a ausência paterna. Mas, além da força, ela me presenteou com algo ainda mais valioso: a resiliência. Aprendi a absorver impactos, a enfrentar turbulências e, acima de tudo, a me manter íntegra, independentemente dos desafios.

Duas despedidas, em momentos completamente distintos da minha vida, me ensinaram a mesma lição: não podemos esperar para assumir o controle do nosso destino. Não há tempo a perder vivendo no piloto automático, apenas cumprindo expectativas externas. Precisamos tomar as rédeas da nossa própria história antes que seja tarde.

Essa jornada de autoconhecimento me fez questionar: por que tantos obstáculos? Por que tantas lutas? O que foi acerto, e o que foram aprendizados disfarçados de erro?

E, ao buscar essas respostas, percebi que cada experiência, desde a infância até os momentos mais recentes da minha vida e carreira, teve um papel crucial na construção de quem sou hoje. Compreender essas vivências me permitiu identificar padrões, fortalecer minha mentalidade e direcionar minha evolução de modo mais consciente. Por isso, se você chegou até aqui, é porque também busca respostas.

O autoconhecimento é não apenas uma ferramenta valiosa, mas um pré-requisito essencial para o sucesso da sua jornada. Esse longo processo de reflexão me levou a duas respostas primordiais: eu sabia que não queria mais empreender apenas por dinheiro, tampouco voltar para uma posição corporativa que me aprisionasse em um ciclo que já não fazia sentido.

Mas, então, qual seria o próximo passo? O que eu realmente queria construir dali em diante?

E foi impossível não me questionar: quantas pessoas estão presas ao mesmo dilema, sem clareza sobre qual caminho seguir? Quantas lutam por suas carreiras, mas não tiveram acesso às ferramentas estratégicas que transformaram a minha?

Foi assim que minha inquietação se transformou em missão: decidi ajudar você e outros profissionais a enxergarem caminhos fora do convencional e assumirem o controle de suas carreiras.

Hoje, tenho a liberdade de escolher meus próprios passos, de decidir onde e como quero atuar. Conquistar essa autonomia foi um processo que exigiu coragem, estratégia e uma transformação imensa na maneira como enxergava minha trajetória.

O que eu vou dividir aqui não é uma fórmula mágica, nem um caminho garantido para todos. Abordarei o que funcionou na minha vida e pode, de alguma forma, funcionar na sua também. São conceitos que me ajudaram a transformar a falta de direção em um plano claro, valioso e possível de ser seguido. Conceitos esses que, em geral, pertencem a uma verdadeira "bolha" restrita ao mercado financeiro e corporativo – um universo que lida com negócios valiosos, fusões, aquisições e decisões estratégicas de alto impacto. Por conta da minha trajetória, acabei tendo acesso a esse repertório e, com o tempo, fui traduzindo tudo isso de maneira acessível, prática e aplicável à vida de qualquer pessoa que deseje assumir o protagonismo da própria carreira.

Carinhosamente, chamei esse método de Plano de Voo – um nome que carrega muito mais do que técnica: carrega sentimento, história, arte e propósito. É também uma homenagem ao meu pai, aviador – que, mesmo tendo partido cedo, deixou marcas profundas que, de algum jeito, me ajudaram a ligar os pontos e encontrar meu caminho.

Este livro se tornou minha primeira obra de arte. Um projeto que nasceu do resgate da minha autenticidade e da liberdade de criar uma história com propósito real.

O Plano de Voo é guiado por três pilares que também formam a sigla V.O.O.:

- Visão estratégica, para definir com clareza o destino.
- Ousadia calculada, para acelerar e ajustar a rota com consciência.
- Operação consistente, para executar o Plano de Voo com disciplina e sustentabilidade.

Traçar esse plano foi meu modo de transformar a dor em potência e o incerto, em direção.

Hoje, compartilhar isso com você é como estender um mapa – não para apontar o caminho certo, mas para lhe entregar as ferramentas que fortalecem sua clareza, sustentam suas escolhas e permitem que você construa uma trajetória com mais estratégia, valor, autonomia e sentido.

1.

# A VONTADE DE VENCER

Quando decidi ingressar na faculdade de Farmácia, não foi uma escolha amplamente planejada ou motivada por uma grande vocação – e, por alguns anos, tive dificuldade em explicar o real motivo por trás dessa decisão. Curiosamente, não tinha nenhuma relação com música ou arte, áreas com as quais sempre me identifiquei. Ainda assim, acredito que foi uma escolha feliz: atendeu às necessidades que eu tinha naquele momento da vida e acabou se conectando, surpreendentemente, com propósitos que eu só viria a compreender com o tempo.

Apesar de ser um dos principais mercados econômicos do mundo e de ter uma nobre missão de salvar vidas, o mercado farmacêutico era, até então, desconhecido para mim.

Minha justificativa inicial era baseada nas boas notas que eu tirava nas matérias relacionadas ao tema, mas, no fundo, a verdade era outra: minha mente enxergava naquela profissão uma oportunidade de alcançar uma renda estável em curto prazo. Acima de tudo, minha vontade de vencer e mudar o cenário de escassez que a vida havia me imposto sempre falou mais alto. Desde muito cedo, a ambição de crescer e de conquistar algo maior já pulsava dentro de mim – não por vaidade, mas por sobrevivência, por desejo de liberdade. E acredito, de verdade, que essa ambição saudável, quando canalizada com propósito e ética, deveria fazer parte da trajetória de todo profissional que deseja ir além do previsível.

Naquela época, eu me inspirava muito em Elisabeth, uma professora de Química da escola em que eu estudava. Era uma mulher elegante, muito próspera e exemplificava as reações químicas como ninguém. Fazia tudo parecer bem simples e ao mesmo tempo com muito significado. Ela sempre associava as reações químicas com a vida e, algumas vezes, escolhia exemplos da profissão farmacêutica para elucidar a matéria. Os exemplos me traziam muita emoção e comecei a refletir sobre o poder que esse tipo de profissional poderia desenvolver ao descobrir formulações capazes de salvar vidas.

Embora eu me sentisse inspirada, a incerteza ainda pesava sobre a minha escolha.

Certo dia, eu estava no banco da escola aguardando o horário de iniciar as aulas, quando Elisabeth se sentou ao meu lado. Aproveitei o momento, apesar da timidez em me expor naquela época, para conversar a respeito da minha decisão profissional.

Confesso que esperava de Elisabeth algum tipo de incentivo técnico específico para seguir com a profissão; mas, em vez disso, ela pegou um caderno que tinha na bolsa e desenhou um quadro cheio de pontos aleatórios. Sim, um desenho aleatório e sem muito sentido em um primeiro momento. Em seguida, ela me disse:

> *Fazendo uma metáfora, acredito que, para a maioria dos jovens, essa fase de definição profissional se assemelha a este quadro. São vários pontos soltos, e nenhum deles se conecta. É tudo obscuro, e nada parece fazer sentido. Mas, com o tempo, os pontos vão se conectando e dando significado aos fatos. Imagine que esses pontos são as diversas fases da vida de determinada pessoa e que um desses pontos é a profissão, ou as profissões, que ela escolheu.*

Na sequência, Elisabeth fez um segundo quadro, ligando esses pontos de várias formas distintas, e finalizou a conversa dizendo que a vida é uma estrada sem um caminho certo. Que, à medida que a gente adquire conhecimento e evolui, nossa capacidade de dar significado aos fatos vai aumentando, e isso nos traz criatividade para compreender nossas escolhas e ter uma atuação na vida com um propósito mais claro. Ela terminou dizendo que os "pontos" se conectam naturalmente e que nada acontece por acaso. Portanto, eu deveria seguir a minha intuição e seguir em frente.

Antes de se levantar, com um olhar afetuoso, ela ainda falou algo que jamais esqueci: "O que sempre admirei em você é **esse brilho nos olhos e o desejo genuíno de vencer**. Isso vale mais do que qualquer certeza técnica. Não importa o que você fizer, faça sempre com paixão".

“O autoconhecimento é não apenas uma ferramenta valiosa, mas um pré-requisito essencial para o sucesso da sua jornada.”

**CARREIRA COM VALUATION**
@mirellafrancomelo

Essa conversa ficou gravada em mim. E, com o tempo, entendi que esperar por total clareza antes de agir é uma armadilha. Os sentidos se revelam no caminho, não no ponto de partida. É o movimento que organiza os pensamentos, conecta os pontos e dá direção à vida.

Por isso, se existe um segredo para sair da inércia, é este: começar. Mesmo sem garantias, mesmo sem ter todas as respostas. Porque é no fazer que a trajetória se constrói e, aos poucos, ganha propósito, força e sentido.

A partir daquele dia me conectei ainda mais com a essência de Elisabeth e refleti por horas imaginando quantas coisas ainda aconteceriam na minha vida. Internalizei os fatos e continuei seguindo em frente.

Muitos anos depois, assisti a um discurso gravado de Steve Jobs que reforçou exatamente essa ideia.[2] Ele apresentou um quadro cheio de pontos aleatórios, que representavam o conhecimento adquirido ao longo do tempo. Em seguida, mostrou um segundo quadro, agora com os pontos conectados, simbolizando como o conhecimento se transforma em experiência por meio da prática. Por fim, revelou um terceiro quadro, onde os pontos interligados formavam o desenho de um gato, mas ele explicou que poderia ter desenhado qualquer coisa ali. O que define o resultado não é apenas o conhecimento, mas a paixão e a criatividade com que se percorre o caminho.

A mensagem era clara: conhecimento e prática, sem paixão, levam a caminhos previsíveis. Mas quando paixão e criatividade entram em cena, **os caminhos se multiplicam, e as possibilidades se tornam infinitas**. Ou seja, os acontecimentos de nossa vida são realmente fascinantes – hoje tudo isso faz muito sentido para mim.

## AUTOCONHECIMENTO E PAIXÃO

O mercado industrial farmacêutico é um campo de atuação altamente regulado e bem-remunerado, mas também bem competitivo; felizmente, não demorei para conseguir uma oportunidade de estagiar na área de qualidade em uma indústria farmacêutica. Encarei aquele cargo com muita

---

[2] PEÑA, M. Steve Jobs to 2005 graduates: 'Stay hungry, stay foolish'. **Stanford Report**, 12 jun. 2005. Disponível em: https://news.stanford.edu/2005/06/14/jobs-061505/. Acesso em: 10 jun. 2025.

dedicação, me destaquei e acabei e me tornando uma especialista em processos industriais farmacêuticos.

Não posso deixar de ressaltar o intenso esforço que fiz para superar o medo avassalador que tinha de falar em público, um bloqueio que carregava desde a infância. Eu sabia que, mais cedo ou mais tarde, precisaria encarar esse desafio – caso contrário, meu crescimento e destaque na carreira seriam limitados.

Aprendi que a única maneira de superar um medo é enfrentá-lo, com ousadia e determinação. Cada obstáculo vencido nos fortalece, fornecendo mais "combustível" para os desafios futuros. O medo é uma emoção inevitável, mas pode ser dominado. A verdadeira coragem não está na ausência do medo, mas na decisão de seguir em frente apesar dele.

Lembro-me com muito carinho do meu primeiro dia de trabalho na indústria farmacêutica. Estar nesse ambiente proporcionava uma sensação única de pertencimento, a consciência de que, de alguma forma, eu faria parte de processos capazes de recuperar, salvar e prolongar vidas.

Passei a associar os processos farmacêuticos à aviação, e isso só aumentava a minha paixão. Antes mesmo do acidente aéreo do meu pai, eu já admirava os cuidados meticulosos envolvidos em cada voo e o amor incondicional que ele tinha pela aviação. A aviação me ensinou algo valioso: um voo seguro depende não apenas de um bom piloto, mas também de uma cadeia de procedimentos rigorosos, seguidos à risca para evitar falhas. E, quando um acidente acontece, ele quase nunca é fruto de um único erro isolado, mas sim de uma sequência de pequenas falhas que, conectadas, culminam na tragédia.

Essa lógica também se aplica à fabricação de medicamentos. Cada etapa, cada decisão e cada controle de qualidade conta. Por isso, desde o início, tratei com muita seriedade cada passo da minha jornada.

Tudo era novidade. Passei vários dias ao lado de um grupo grande de profissionais, recebendo treinamentos e instruções da área de qualidade. Afinal, há inúmeras normas, procedimentos e responsabilidades que precisam ser compreendidos antes de atuar diretamente nos processos.

A responsável por ministrar os treinamentos era uma farmacêutica experiente, há quase quinze anos naquele mesmo cargo. Sempre gentil e sorridente, mas também sempre apressada. Lia rapidamente os slides com as diretrizes da empresa e, ao final, solicitava que todos assinassem os documentos que comprovavam a participação nos treinamentos. Embora o tema fosse de extrema importância, a forma como era conduzido tornava o processo burocrático e mecânico.

Para mim, tudo fazia sentido. Afinal, antes mesmo de ingressar na indústria, eu já havia assimilado a ideia de que a profissão tinha um impacto direto na vida das pessoas. Mas será que todos os profissionais presentes no treinamento interpretaram as orientações da mesma forma?

Naquela época, eu ainda tinha muito receio de falar em público, mas passei a semana inteira refletindo sobre como aquele treinamento essencial poderia ser aprimorado. Percebi que a falta de engajamento e conexão com o tema poderia gerar um risco real para a segurança dos processos. Como garantir que cada profissional compreendesse a importância do seu papel se a comunicação não era eficaz?

Era evidente que a responsável pelos treinamentos não demonstrava paixão por aquela atividade. Mas o problema era apenas dela? Será que ela fora preparada para transmitir conhecimento com impacto? E a paixão pelo que fazemos – ela pode ser ensinada, desenvolvida, estimulada?

A partir desse dia, percebi que conhecimento técnico e boa vontade não bastam. A forma como compartilhamos esse conhecimento pode definir o sucesso ou o fracasso de um processo e, no caso da indústria farmacêutica, o impacto pode ser determinante para a vida de milhões de pessoas.

Essa reflexão me acompanhou por anos, até que compreendi que cada ser humano está em um processo único de desenvolvimento, e, na maioria das vezes, essa jornada não pode ser acelerada por outra pessoa. A vontade de vencer e evoluir precisa partir de dentro, e a decisão de crescer ou permanecer estagnado é uma escolha individual. Nem todos os profissionais que ocupam determinadas posições estão, de fato, preparados para assumir suas responsabilidades.

A paixão é um fator determinante para carreiras bem-sucedidas; está diretamente ligada à motivação e ao desejo contínuo de aprimoramento. Profissionais que atuam com paixão carregam um brilho diferente no olhar, buscam constantemente o melhor desempenho e enxergam um propósito maior no que fazem.

Assim que surgiu a oportunidade, me candidatei para assumir os treinamentos de integração de novos funcionários. Mergulhei no aprendizado, estudava diariamente os processos e, em pouco tempo, já dominava com propriedade as normas de fabricação de medicamentos.

Naquela época, não existiam celulares com câmeras digitais, então meus ensaios eram em frente ao espelho mesmo. Minhas primeiras apresentações foram um verdadeiro fiasco. Tive crises de tosse, a voz sumia... mas eu nunca desisti. Ainda estava lapidando minha comunicação, só que a vontade de vencer o desafio era maior do que o medo de errar.

Aos poucos, fui superando a insegurança, aprimorando minha oratória e consolidando minha presença. Com o tempo, assumi a responsabilidade pelos treinamentos técnicos da empresa, transformando aquilo que antes era um desafio assustador em um dos pilares mais importantes da minha carreira até hoje.

Naquele momento, eu ainda não tinha plena consciência disso, mas assumir os treinamentos era, na verdade, uma forma de resgatar minha habilidade de comunicação, que havia sido silenciada desde a infância. A cada apresentação, sentia que estava recuperando uma parte essencial de mim, e essa sensação de superação me trazia uma satisfação imensa.

A vontade de vencer, de ultrapassar os desafios e traumas que a vida me impôs, me impulsionava a amadurecer rapidamente, sempre buscando estar "um passo à frente" da fase em que de fato me encontrava.

Muitos profissionais se sentem infelizes por motivos equivocados. Confundem a falta de propósito com problemas do ambiente, acreditam que estão no caminho errado quando, na verdade, estão apenas desconectados de si mesmos.

A grande verdade é que muitos trabalham simplesmente por trabalhar – apenas para sobreviver, sem um porquê verdadeiro, sem paixão, sem direção. E essa ausência de sentido vai minando, aos poucos, a energia, a criatividade e a capacidade de evoluir.

Por isso, o autoconhecimento é fundamental – e já aviso: vou repetir isso inúmeras vezes, até você realmente entender a importância.

Sem clareza sobre quem você é, o que valoriza e o que busca, qualquer caminho pode parecer viável, mas nenhum se sustenta de verdade.

Sem esse alinhamento interno, toda a jornada descrita ao longo deste livro – por mais estratégica, ousada ou disciplinada que seja – será nula. Saber usar coragem e paixão de maneira estratégica começa com entender onde as aplicar. E isso exige olhar para dentro antes de tentar mudar o que está fora.

Então, convido você a adentrarmos mais neste livro com consciência e clareza, sabendo que as perguntas que eu lhe fizer ao longo do caminho terão sempre este viés: provocar reflexão, alinhamento e direção.

“Se existe um segredo para sair da inércia, é este: começar. Mesmo sem garantias, mesmo sem ter todas as respostas.”

**CARREIRA COM VALUATION**
@mirellafrancomelo

# 2.

# VOCÊ NÃO ESTÁ SOZINHO

Agora que você conhece um pouco melhor a minha história e a ideia por trás do plano que pretendo lhe apresentar, chegou o momento de voltar o olhar para você. Antes de falar sobre o futuro, precisamos entender qual é o seu ponto de partida. Seja qual for a sua trajetória até aqui, há uma pergunta essencial que precisa ser feita: qual é o seu verdadeiro grau de satisfação profissional?

Você sente que está no comando da sua carreira ou apenas segue o fluxo? Consegue enxergar um caminho claro à frente ou tem a sensação de estar preso em um ciclo de esforço sem propósito? Sua posição profissional realmente traz satisfação ou, no fundo, parece apenas um compromisso necessário para seguir adiante? Você está preparado para o futuro do trabalho?

Talvez você não saiba quais passos dar a seguir e possa se ver prisioneiro de sistemas e instituições que ditam o rumo da sua vida. Você sabe que tem uma trajetória de valor, mas não consegue enxergar uma forma de se desvincular da dependência desse ecossistema. Como consequência, sente-se obrigado a assumir uma identidade que não reflete sua essência, afastando-se da autenticidade e da verdadeira realização.

Ou talvez você tenha o desejo de empreender, mas não saiba por onde começar. A incerteza sobre o mercado, o medo do fracasso e a falta de direcionamento podem fazer com que esse sonho pareça distante ou até mesmo impossível de se concretizar. Além disso, a escassez financeira pode ser uma barreira que impede você de dar passos mais ousados. A dependência desse modelo de sustento torna difícil a visualização de caminhos concretos para valorizar sua posição, criar algo próprio ou até mesmo encontrar novas oportunidades.

Antes de qualquer coisa, quero que você tenha algo muito claro em mente: você não está sozinho. Milhares de pessoas se sentem exatamente assim. Eu já me senti assim. E talvez, de alguma forma, você também se veja neste lugar: preso a uma rotina que já não inspira mais, com a sensação de que há algo maior a ser explorado, mas sem clareza sobre como dar o próximo passo. Só que a verdade é que não existe transformação sem consciência do estado atual.

O primeiro passo para reescrever sua jornada profissional é identificar onde você está agora e quais são os fatores que, de fato, impactam sua satisfação e evolução.

## A INSATISFAÇÃO EM NÚMEROS

Tomar a decisão de criar um plano para ajudar outras pessoas a navegarem pelos desafios da carreira não foi um processo simples. Não se tratava apenas de organizar conhecimentos adquiridos ao longo dos anos, mas de colocá-los à prova, validar sua aplicabilidade e, acima de tudo, entender como poderiam gerar impacto real. E, para que esse plano fizesse sentido, eu precisava compreender a fundo os desafios que os profissionais enfrentam hoje. Porque, no fim das contas, o mais importante é o modo como você decide avançar.

Os números que vamos explorar mostram que a insatisfação no trabalho não é uma questão isolada; pelo contrário, é um reflexo estrutural de um modelo que não prepara os profissionais para assumirem o comando de suas próprias carreiras. Sei que falar sobre dados pode parecer um pouco maçante, mas garanto que é necessário. Assim como tudo na vida que é sólido e duradouro, precisamos construir a base antes de avançar.

Eu me dediquei firmemente a pesquisar essas informações porque queria entender esse cenário com profundidade e, mais do que isso, mostrar que ninguém esteve, nem estará, sozinho nessa jornada – nem eu nem você.

E foi então que me deparei com dados alarmantes.

Um levantamento feito em setembro de 2024 revelou que 56% dos profissionais não estão felizes em seus empregos, e 62% não se sentem psicologicamente seguros no ambiente corporativo. Além disso, 90% considerariam mudar de trabalho devido à insatisfação, à falta de autonomia ou a impactos na saúde mental.[3] E, no geral, segundo pesquisa da McKinsey, 27% dos profissionais brasileiros estão pensando em trocar de emprego nos próximos três a seis meses. Essa insatisfação é atribuída a fatores como estagnação profissional, remuneração inadequada e falta de flexibilidade no trabalho.[4]

Por fim, o relatório global *State of the Global Workplace*, da Gallup, revelou que 46% dos trabalhadores brasileiros vivem sob estresse profissional, colocando o Brasil entre os países da América Latina com os maiores índices de insatisfação no trabalho.[5]

Por trás desses números, enxerguei milhões de profissionais vivendo exatamente onde eu já estive: sentindo que trabalham muito, mas sem clareza se aquilo pode levá-los a um futuro realmente satisfatório. Pessoas presas a carreiras que não as representam, mas sem enxergar alternativas viáveis. Para muitos, o trabalho se torna mais do que um emprego: vira uma identidade imposta, uma máscara social que esconde suas verdadeiras aspirações e valores.

A necessidade financeira, somada à falta de perspectivas claras de crescimento, aprisiona esses profissionais em um ciclo no qual o medo da mudança parece maior do que a dor da insatisfação. Sem direção e sem enxergar caminhos concretos para a valorização profissional ou novas oportunidades, permanecem estagnados, sustentando-se financeiramente, mas se desconectando cada vez mais de sua essência.

Conheço bem essa realidade, pois também vivi por muitos anos a sensação de dependência, tanto de identidade quanto financeira, do ambiente corporativo. Mesmo apaixonada pelo propósito da minha carreira, sentia que minha

---

[3] FUENTES, P. Bem-estar: 90 % trocariam de emprego por saúde mental, satisfação ou felicidade, diz pesquisa. **CNN Brasil**, 7 out. 2024. Disponível em: www.cnnbrasil.com.br/economia/macroeconomia/bem-estar-90-trocariam-de-emprego-por-saude-mental-satisfacao-ou-felicidade-diz-pesquisa/. Acesso em: 17 jun. 2025.

[4] MAYOL, F.; GOLDFAJN, R.; SASSON, T. Brasil: grande evasão ou grande atração? **McKinsey & Company**, 23 dez. 2022. Disponível em: www.mckinsey.com.br/our-insights/all-insights/brasil-grande-evasao-ou-grande-atracao. Acesso em: 17 jun. 2025.

[5] MANDARINO, H. 46% dos trabalhadores no Brasil se sentem estressados, aponta pesquisa. **Metrópoles**, 12 jun. 2024. Disponível em: www.metropoles.com/vida-e-estilo/46-dos-trabalhadores-no-brasil-se-sentem-estressados-aponta-pesquisa. Acesso em: 17 jun. 2025.

“O primeiro passo para reescrever sua jornada profissional é identificar onde você está agora e quais são os fatores que, de fato, impactam sua satisfação e evolução.”

**CARREIRA COM VALUATION**
@mirellafrancomelo

trajetória estava, de certa forma, atrelada a uma segurança que, ao mesmo tempo que me oferecia estabilidade, limitava minha liberdade de escolha.

A indústria farmacêutica tem um papel essencial na sociedade, salvando vidas e levando esperança à população. Mas, em vários momentos, eu me vi questionando meus próximos passos e o impacto real do meu trabalho. Será que eu estava verdadeiramente alinhada com a transformação que queria gerar? Ou apenas seguindo um caminho que, apesar de sólido, não refletia completamente minhas aspirações mais profundas?

A falta de autonomia sobre meus próximos passos, o reconhecimento aquém do esperado e, sobretudo, a resistência que enfrentei ao defender valores inegociáveis me geravam uma insatisfação constante. Por mais de quinze anos, permaneci nesse ciclo, financeiramente estável, mas sempre à sombra da incerteza, temendo perder meu emprego a qualquer momento e com a sensação crescente de que minha verdadeira trajetória precisava de um novo rumo.

## A DEPENDÊNCIA DA GAIOLA DE OURO

De modo voluntário, passei a mapear ativamente a satisfação de profissionais executivos no ambiente corporativo. Engajei-me em conversas com profissionais do meu círculo, incluindo conexões no LinkedIn, colegas do programa de formação de conselho e outras lideranças com trajetórias diversas. Observei padrões, ouvi relatos sinceros e busquei compreender os desafios reais por trás da insatisfação no trabalho. Queria entender, com clareza, quais eram os dilemas mais recorrentes, o que os impedia de evoluir e, acima de tudo, quais caminhos poderiam levá-los a um modelo de carreira mais alinhado ao que realmente importa.

O que descobri foi revelador. Mesmo entre profissionais de alta gestão, um padrão se repetia: por mais que tivessem conquistado cargos importantes, construído carreiras sólidas e acumulado experiência, muitos ainda sentiam um vazio. O problema não era a falta de competência ou oportunidades, mas sim um desalinhamento bastante significativo entre o trabalho e a realização pessoal.

Além disso, percebi algo ainda mais preocupante: mesmo em cargos de alta gestão, muitos profissionais careciam de conhecimento financeiro consistente, em especial no que dizia respeito à sua própria trajetória. Faltava uma visão estratégica capaz de enxergar a carreira como um ativo de valor, como algo que, quando construído de maneira intencional e planejada, pode gerar autonomia, segurança e crescimento sustentável. Em vez disso, muitos seguiam o caminho oposto: estavam presos a um modelo de dependência, no qual sua identidade e estabilidade estavam completamente atreladas ao cargo que ocupavam.

Cheguei a escutar relatos que me marcaram profundamente, e um que ficou comigo foi: "Eu vivo em uma gaiola de ouro".

Esses profissionais descreviam rotinas intensas, decisões solitárias, pressões silenciosas e a constante necessidade de manter uma imagem de controle. De fora, tudo parecia perfeito: status, bônus atrativos, reconhecimento. Mas, por dentro, muitos estavam exaustos, desconectados de si mesmos, vivendo uma realidade que sufocava sua essência, seus desejos mais autênticos e, em muitos casos, comprometia sua saúde emocional e até física.

Essa "gaiola de ouro" simboliza uma prisão disfarçada de sucesso. Uma estrutura tão bem adornada por altos salários, benefícios e regalias que, por um tempo, convence: parece valer a pena permanecer ali. Mas chega um momento em que o brilho externo já não compensa mais o vazio interno.

Em outro extremo, também encontramos profissionais que atuam em níveis mais operacionais, muitas vezes dedicados e esforçados, mas aprisionados por contextos de escassez: falta de oportunidades, ausência de reconhecimento, barreiras estruturais e sociais. Nesses casos, a prisão não tem adornos, ela é feita de limitações concretas e da ausência de alternativas visíveis. Ainda assim, o impacto emocional pode ser tão profundo quanto um sentimento constante de estagnação, invisibilidade e impotência diante da própria trajetória.

O que une esses dois extremos, seja na escassez ou no excesso, é a sensação de aprisionamento a uma lógica que não promove protagonismo. E, aqui, entra um ponto crucial: a consciência sobre onde estamos operando.

O cenário se tornava ainda mais desafiador para aqueles que ocupavam posições que lidavam com temas sensíveis, como ética, compliance e governança. Muitas vezes, esses profissionais se viam em situações delicadas, sendo pressionados por jogos políticos ou confrontados por um ambiente corporativo onde a politicagem falava mais alto que a integridade. Defender o certo, nesses casos, não era apenas uma questão de valores; também havia riscos e, para muitos, a sensação de estar constantemente em uma "saia justa" aumentava ainda mais a insegurança sobre o futuro profissional.

Isso reforçava um padrão: quanto mais os profissionais se dedicavam a fazer o que era correto, mais percebiam que sua permanência no cargo dependia de fatores que iam além da competência técnica e do mérito. E, sem uma visão estratégica sobre a própria trajetória, muitos acabavam reféns do sistema, sem alternativas claras para construir um caminho profissional mais sólido e independente.

Essa dependência não era apenas profissional – muitas vezes era emocional e até mesmo física. Um bom exemplo prático da falta de valorização pessoal são aqueles profissionais que, ao perderem seus empregos, começam a negligenciar a própria imagem. Deixam de se cuidar, vestem-se com menos zelo e perdem o asseio, como se, juntamente com o cargo, tivessem perdido também sua identidade. O que isso revela? Que, por anos, não enxergaram valor em si mesmos, mas sim na posição que ocupavam.

Esse comportamento é reflexo de um problema maior: a ausência de uma construção estratégica de carreira que vá além do crachá. Quando a carreira é estruturada como um ativo de valor, a identidade profissional não depende de um título, mas sim da clareza sobre o impacto que se pode gerar, independentemente do cargo ou da empresa.

E se isso já era uma realidade entre executivos e líderes, a situação se tornava ainda mais desafiadora para profissionais em cargos operacionais. Muitos sequer enxergavam a possibilidade de uma mudança significativa, seja por limitações financeiras ou pela falta de repertório que os auxiliasse a galgar outras esferas. Sem acesso a ferramentas que os ajudassem a expandir suas perspectivas, permaneciam presos a um ciclo em que a progressão parecia distante – ou até impossível.

Nessa mesma realidade, também há aqueles que, por escolha ou circunstância, decidiram apenas cumprir tabela, sem maiores aspirações ou desejos de transformação. Mas o foco aqui não está nesses casos. O foco está nos profissionais que, apesar das dificuldades, realmente desejam construir uma nova realidade para si, porém muitas vezes se sentem sem alternativas viáveis.

A estrutura rígida das empresas, a cultura corporativa engessada e a falta de liberdade para inovar e contribuir de maneira mais autêntica eram fatores recorrentes no mapeamento que fiz. Mas, além disso, a possibilidade de mudança trazia consigo um medo silencioso, não apenas financeiro, mas também emocional e identitário. O que significava deixar para trás anos de construção profissional? Como se reposicionar no mercado sem a segurança de um cargo estabelecido? Quem eram esses profissionais sem o crachá, sem o título, sem o reconhecimento imediato que o mercado lhes dava?

Essa reflexão foi fundamental para aprofundar meu estudo. O que parecia ser um conflito individual era, na verdade, um reflexo de algo muito maior: uma insatisfação estrutural no modelo de carreira tradicional – um modelo que, em vez de empoderar os profissionais, os condicionava à dependência, à insegurança e ao medo de se reinventar.

Foi nesse momento que cheguei a uma constatação inquietante: se mesmo profissionais altamente qualificados estavam lidando com esse dilema, imagine o "restante do mundo"... Para transformar esse cenário, não bastava apenas reconhecer o problema, era preciso criar um caminho para que esses profissionais pudessem se reinventar com estratégia, clareza e autonomia.

“Chega um momento
em que o brilho externo
já não compensa mais
o vazio interno.”

**CARREIRA COM VALUATION**
@mirellafrancomelo

# 3.

# O MAIOR RISCO É NÃO TER UM PLANO

Sim, como vimos, os índices de insatisfação profissional são realmente alarmantes, mas onde está nossa parcela individual de culpa em todo esse cenário?

Muitos profissionais enxergam suas carreiras como algo que simplesmente acontece, sem perceberem que cada decisão que tomam ou deixam de tomar pode levá-los a cenários inesperados, como uma demissão repentina.

Essa foi uma questão que ficou muito clara para mim nos anos que passei fazendo gestão de riscos em processos farmacêuticos. Eu mapeava pontos de atenção, mesmo em fluxos aparentemente seguros, criava cenários de mitigação e coordenava a implementação de planos de ação para garantir que a "vida" daquele processo de fabricação fosse preservada. Cada detalhe importava, pois qualquer falha, por menor que fosse, poderia comprometer não apenas a qualidade do medicamento, mas, sobretudo, a vida de quem dependia dele.

Além disso, aprendi com o tempo que os acidentes aeronáuticos são sempre o resultado da combinação de vários riscos diferentes, os chamados "fatores contribuintes". Cada fator contribuinte pode ser interpretado como um elo de uma corrente, que está sempre ligado a outro elo. Se analisarmos cada um isoladamente, podemos achá-los até insignificantes, contudo, ao abrangermos o espectro, notamos que eles têm uma participação crucial e individual para o desenrolar de um acidente. Em processos de investigação mais atuais não é novidade, ao analisarmos especificamente um elo, descobrimos que ele é composto de outra corrente de eventos que o influenciavam. A cadeia de fabricação de medicamentos funciona da mesma forma. Desde a seleção da matéria-prima até a distribuição do produto final, cada etapa é um elo. Se uma delas falha, o resultado é comprometido.

Não é nada diferente na vida profissional.

Nenhuma carreira fracassa por um único motivo. O que leva um profissional ao esgotamento, à frustração ou à estagnação não é um evento isolado, mas sim um acúmulo de decisões mal planejadas, oportunidades desperdiçadas e riscos ignorados ao longo do tempo.

Assim como um piloto precisa revisar cada detalhe antes da decolagem – desde as condições meteorológicas até o funcionamento dos motores –, um profissional também precisa mapear sua trajetória, entender onde estão os riscos e se preparar para os desafios inevitáveis do caminho. A realidade, porém, é que a maioria das pessoas só reage depois do baque.

De modo quase instintivo, levei a gestão de riscos para a minha vida profissional. Comecei a enxergar os sinais de alerta, as famosas "bandeiras vermelhas" (da expressão em língua inglesa, *red flags*), com mais clareza e a tomar decisões mais estratégicas sobre meu caminho. Nem sempre eu tinha, de imediato, as ações certas para mitigar ou evitar uma turbulência, mas a visão dos riscos era clara, e isso já fazia toda a diferença. Esse senso crítico, por vezes, me trazia medo e insegurança, por antecipar situações delicadas antes mesmo de acontecerem. Mas, com o tempo, a maturidade me ajudou a transformar esse olhar em um verdadeiro painel de controle: uma ferramenta de direção, e não apenas de alerta.

Foi o empreendedorismo que me ensinou que, assim como uma empresa precisa mapear riscos para garantir sua sustentabilidade, qualquer profissional precisa enxergar sua trajetória com visão estratégica, antecipando desafios e construindo um caminho sólido para evitar turbulências.

Se traçarmos um paralelo com os índices de insatisfação profissional, fica evidente que, na maioria dos casos, o problema não é a falta de talento ou oportunidades, mas sim a ausência de planejamento, visão de longo prazo e, acima de tudo, gestão de riscos.

Muitos conduzem suas carreiras no modo automático, sem um plano estruturado, sem um olhar estratégico para o futuro. Só percebem que deveriam ter se preparado melhor quando se deparam com uma crise, um corte inesperado, um mercado saturado ou uma mudança de cenário para a qual não estavam prontos.

Pequenas escolhas, que no momento parecem inofensivas – como acomodar-se após um aumento salarial, enxergar benefícios como garantia de estabilidade, adiar um curso, negligenciar a necessidade de especialização ou evitar desafios –, podem, ao longo do tempo, se somar e criar barreiras invisíveis que limitam drasticamente o crescimento profissional.

O grande problema é que esses riscos não são percebidos no momento em que surgem. Eles se acumulam silenciosamente e, quando se tornam evidentes, já é tarde demais para revertê-los com facilidade. Lembre-se: o risco mais perigoso é aquele que subestimamos.

Quando lidamos com vidas – seja na aviação, na indústria farmacêutica ou na nossa própria trajetória profissional –, todo cuidado é essencial e nunca excessivo. O mapeamento de riscos não é um processo intuitivo, mas sim o resultado de conhecimento, experiência e repertório técnico. Só quem tem um olhar treinado consegue enxergar perigos antes que se transformem em crises irreversíveis.

Um risco, após identificado, nunca deixa de ser uma ameaça – ele apenas se torna gerenciável.

A maior lição aqui é clara: planeje seu futuro, mesmo que no curto prazo. Esteja sempre pronto para o melhor, mas preparado para o pior. **Não deixe a sua carreira na mão do seu chefe**! Não espere uma demissão ou um corte empresarial para agir. Trabalhe com dedicação em um plano B, sejam quais forem as circunstâncias. Criar planos de mitigação é essencial, mas a verdadeira segurança está em monitorá-los continuamente. O que hoje parece sob controle pode se transformar em uma vulnerabilidade se não houver vigilância constante.

Ter um olhar crítico e antecipatório sobre a carreira é o que nos permite estar sempre um passo à frente, prevenindo erros e prevendo cenários que podem ser evitados. Esse pensamento vai além da técnica – trata-se de uma forma de enxergar o futuro com clareza, garantindo que cada decisão nos aproxime cada vez mais do caminho que de fato queremos seguir. Afinal, o sucesso raramente acontece por acaso. Ele é construído com planejamento, consciência e a coragem de assumir o controle da própria trajetória.

EXERCÍCIO PRÁTICO

# MAPEAMENTO DE JORNADA

Para ilustrar todo esse contexto de maneira prática, preparei um rápido exercício de reflexão: que tal mapear os riscos que cercam sua jornada pessoal e profissional para obter mais clareza e direcionamento? Esse olhar mais apurado pode ser decisivo para tomar decisões com mais consciência e segurança.

Trata-se de um exercício de consciência que vai auxiliá-lo a aplicar a metodologia que exploraremos nos próximos capítulos. A proposta aqui é simples, mas poderosa: ajudar você a identificar as ameaças visíveis ou silenciosas que podem impactar sua vida como um todo, pois os riscos de carreira não existem de modo isolado; na verdade, estão bastante conectados com sua saúde, seus valores, sua estrutura emocional e seus vínculos mais importantes.

As perguntas a seguir funcionam como uma matriz de causa e efeito e foram criadas para provocar reflexão prática e profunda. Não se trata de prever o futuro, mas de se preparar para ele.

## COMO USAR ESTE EXERCÍCIO

Para cada pergunta, reflita com honestidade e anote, em um local de sua livre escolha (caderno, bloco de notas, aplicativo, planner), os seguintes pontos:

- Qual é a probabilidade de isso acontecer? (Baixa, média, alta.)
- Qual é o impacto na minha vida e carreira? (Baixo, médio, alto.)
- O que já estou fazendo para me proteger ou me preparar?
- O que eu poderia fazer melhor a partir de agora?

Importante: guarde suas anotações. Este mapeamento é vivo – ele deve ser revisitado de tempos em tempos. A gestão de riscos não é um evento pontual, mas sim uma prática contínua.

## PERGUNTAS DE IMPACTO – CARREIRA

- Se minha posição profissional deixasse de existir hoje, eu estaria pronto para começar do zero? Meu repertório atual sustentaria uma transição rápida?
- Se eu precisasse abrir mão do crachá que carrego hoje e do status que ele representa, quem eu seria sem o nome da empresa?

- Se meu salário parasse de cair na conta amanhã, minha estrutura financeira me sustentaria por quanto tempo? Eu tenho outras fontes de renda ou planos de contingência?
- Se uma nova tecnologia ou inteligência artificial tornasse minha função obsoleta, quais competências eu teria desenvolvido para continuar relevante?
- Se minha liderança direta mudasse e o novo gestor não valorizasse minhas entregas, eu teria visibilidade além da minha área? Teria construído reputação interna?
- Se eu fosse demitido ou pedisse para sair, por decisão própria ou por burnout, saberia qual seria meu próximo passo ou plano B?
- Se o setor em que eu atuo passasse por uma transformação radical, seja por regulamentação, crise ou disrupção digital, eu estaria preparado para migrar de setor? Eu venho acompanhando as tendências da minha área?
- Se eu recebesse uma proposta para mudar de cidade ou país, teria flexibilidade pessoal e profissional para isso? Estaria pronto para abrir mão da zona de conforto?
- Se um dos meus valores fosse desrespeitado no ambiente de trabalho, eu saberia me posicionar sem comprometer minha carreira?
- Se eu precisasse escolher entre segurança financeira e propósito, qual escolha faria hoje? Com base em quê?

## PERGUNTAS DE IMPACTO – VIDA PESSOAL

- Como está a minha saúde física e mental neste momento? Eu possuo energia e equilíbrio para sustentar o ritmo atual? Eu sinto que tenho tempo e presença de qualidade com minha família e pessoas importantes ou estou apenas “administrando” meus relacionamentos?
- Minha rotina contempla momentos de autocuidado e pausa genuína ou vivo no modo automático, sem espaço para me escutar?
- Qual é o nível de satisfação com minha vida espiritual, emocional ou interior? Eu sinto que estou conectado com algo maior – com meus valores, com minha essência?

- Se tudo o que eu construí até hoje precisasse ser refeito, eu teria forças para recomeçar?
- Onde estão minhas reservas emocionais? O que nutre minha resiliência?

## E AGORA?

O que fazer com essas respostas?

Se você chegou até aqui com sinceridade, parabéns! Você já fez o que muita gente evita por anos: enxergar os riscos com clareza na carreira e na vida. Mas enxergar não basta. É preciso agir.

A gestão de riscos pessoais e profissionais exige constância, visão e responsabilidade sobre si mesmo. Por isso: revisite suas respostas periodicamente, pois elas vão mudar conforme você evolui; use esse mapeamento como bússola estratégica e não deixe os riscos dormirem, já que eles não desaparecem por negação.

Agora, vá além da reflexão. Identifique:

- Quais são as áreas com maior risco na minha vida e carreira hoje? (Por exemplo, dependência de um cargo, negligência com saúde, relações frágeis, ausência de rede de apoio, lacunas de conhecimento etc.)
- Quais são as ações práticas que posso realizar para mitigar ou até eliminar esses riscos? (Por exemplo, fazer um check-up, buscar mentorias, reequilibrar sua agenda, ampliar seu networking, investir em formação, criar um plano financeiro etc.)

Este exercício é um ponto de partida, e não um fim. É uma ferramenta viva, que pode (e deve) ser revisitada sempre que você sentir que algo mudou no ambiente ou dentro de você. Em linhas gerais, é um pré-requisito para melhor entendimento do método que discutiremos mais adiante.

E tudo começa aqui: sabendo onde estão seus riscos e fazendo algo a respeito disso.

"Planeje seu futuro, mesmo que no curto prazo. Esteja sempre pronto para o melhor, mas preparado para o pior."

**CARREIRA COM VALUATION**
@mirellafrancomelo

# 4.

# A RAZÃO DA INSATISFAÇÃO

Se tantos profissionais se sentem desmotivados e infelizes, por que continuam onde estão? O que os mantém presos a um modelo que já não os representa?

A resposta, muitas vezes, está no medo. Medo da mudança, do julgamento, da instabilidade. Medo de sair do que é familiar, mesmo que não seja satisfatório. Mas o medo não é o único fator. Existe também a falsa sensação de estabilidade ou até mesmo uma ilusória sensação de poder supremo.

Por muito tempo, fomos condicionados a enxergar o sucesso como um cargo respeitável, uma trajetória estável, uma posição bem-definida em uma organização. Mas e quando essa identidade se resume ao crachá? Quando toda a trajetória profissional está atrelada a um título, e não ao real valor que entregamos?

Vejo, repetidamente, profissionais talentosos e experientes que, ao se afastarem de seus cargos, sentem dificuldade em se apresentar além da empresa em que trabalham. Falta um repertório estratégico para traduzirem sua expertise de maneira autônoma, para enxergarem possibilidades além da estrutura tradicional. Muitos nunca tiveram contato com conceitos de empreendedorismo aplicados à própria carreira – e essa falta de visão estratégica sobre si mesmos os mantém presos a um modelo que já não os preenche.

E surge a grande questão: esse status corporativo era real ou apenas uma condição imposta por uma mentalidade industrial ultrapassada? Quantos desses profissionais se prendiam a um título não porque ele realmente representava segurança, mas porque nunca aprenderam a enxergar seu próprio valor além dele?

Quanto mais eu me aprofundava nesse tema, mais se tornava evidente que o cerne da insatisfação no trabalho não está ligado apenas a cargos ou empresas, mas sim no preparo para um novo modelo de mercado que já está em transformação.

O problema é que muitos profissionais ainda estão presos a um pensamento ultrapassado que não os prepara para as novas exigências do mundo do trabalho. Essa mentalidade, enraizada nos tempos da Revolução Industrial, fazia sentido quando o sucesso era construído dentro de uma mesma empresa ao longo de décadas. Hoje, no entanto, quem se destaca é quem entende que aprendizado contínuo, inovação e autonomia são indispensáveis para o crescimento. O mercado já não premia apenas quem faz bem o que sempre fez, mas sim quem tem visão estratégica para se antecipar às mudanças.

De acordo com o Fórum Econômico Mundial, algumas das competências mais importantes para o profissional do futuro incluem pensamento crítico, resolução de problemas complexos, inteligência emocional, criatividade, resiliência e capacidade de adaptação.[6] Mas, ao olhar para o mercado atual, percebo que nem todos estão prontos para essa virada. Muitos ainda resistem à mudança, apegados a esse modelo mental industrial que valoriza previsibilidade e conformidade – um modelo que já não conversa mais com o futuro.

Em um mundo que exige adaptabilidade, visão estratégica e autonomia, muitos ainda são formados dentro de um sistema que lhes ensina o contrário: conformismo, aversão ao risco e dependência de estruturas hierárquicas fixas. Mais do que isso, enquanto o futuro do trabalho demanda protagonismo, pensamento crítico, inovação e uma mentalidade empreendedora sobre a própria trajetória, esse modelo ultrapassado segue reforçando linearidade, rigidez e uma crença de que a segurança está apenas no emprego, não na capacidade de gerar valor.

Esse choque entre o que o mercado demanda e o que muitos profissionais foram treinados a seguir é um dos grandes responsáveis pela crise de insatisfação e estagnação que se repete em tantas carreiras. E a verdadeira transformação só acontece quando se rompe essa lógica e se assume o controle da própria evolução profissional.

---

6 15 HABILIDADES do futuro, segundo o Fórum Econômico Mundial. **Tera Blog**, 11 jan. 2021. Disponível em: https://blog.somostera.com/futuro-do-trabalho/habilidades-do-futuro. Acesso em: 18 jun. 2025.

A grande virada de chave acontece quando o profissional deixa de pensar apenas em sobrevivência e começa a se enxergar como um ativo de valor para o mercado. Isso não significa, necessariamente, abandonar uma carreira para empreender, mas sim desenvolver competências e estratégias que aumentem sua relevância, tornando-o independente de qualquer cargo ou estrutura específica.

Assim como uma empresa precisa estruturar seus processos, alinhar suas operações e investir em governança para ser valorizada, um profissional precisa construir seu próprio posicionamento, consolidar sua reputação e entender como gerar valor real para o mercado. Quem tem essa clareza nunca fica refém de um único caminho. Pelo contrário, cria alternativas estratégicas para quando sentir que sua atuação não está sendo reconhecida ou valorizada.

Nesse processo intenso de reflexão, percebi que muitas das estratégias que me ajudaram a crescer, me posicionar profissionalmente e conquistar independência financeira eram desconhecidas por grande parte dos profissionais. E, mais do que isso, entendi que a causa principal dessa limitação era, muitas vezes, a falta de habilidade ou até de consciência para negociar o próprio valor. Compartilhar esse conhecimento, portanto, não apenas poderia ajudá-los a assumir o controle de suas carreiras, mas também me permitiria construir um legado alinhado com aquilo em que realmente acredito: ninguém precisa aceitar um destino profissional limitado quando tem as ferramentas certas para traçar o próprio caminho.

Afinal, se você não mudar a direção agora, daqui a cinco anos estará exatamente no mesmo lugar – só que mais cansado, mais frustrado e mais distante dos sonhos que um dia o fizeram começar.

## O DESAFIO DE ENTRAR NO JOGO SEM PERDER A ALMA

*Em um mundo que recompensa quem se adapta, manter-se fiel aos próprios valores é, por si só, um ato de coragem.*

Aos 22 anos, assumi meu primeiro cargo de liderança na área da qualidade da indústria farmacêutica. Era uma responsabilidade desafiadora para alguém tão jovem, afinal essa promoção significava liderar uma equipe de quase vinte pessoas, além de interagir com diversos pares e gestores altamente capacitados.

Apesar da pouca experiência emocional para lidar com essa nova fase, tive a "sorte" de ser notada por uma das diretoras da empresa, que reconheceu minha assertividade e minha habilidade de comunicação como diferenciais para a posição. Digo sorte, mas sei que o mérito também foi essencial. No entanto, aprendi cedo que apenas ser competente e merecedora não garante que as oportunidades aconteçam. É preciso mais: é necessário expressar suas intenções profissionais de modo claro, posicionar-se estrategicamente e, acima de tudo, garantir que as pessoas certas enxerguem seu valor.

Muitos profissionais aguardam que a oportunidade chegue por meio da decisão de terceiros. Mas nada é mais arriscado e desmotivador do que deixar seu futuro nas mãos de pessoas que, muitas vezes, sequer conhecem suas reais habilidades ou, pior, não têm preparo para reconhecer e valorizar talentos. As corporações são ambientes complexos, e depender passivamente do reconhecimento alheio pode ser o maior entrave para uma carreira de sucesso.

Eu me recordo até hoje do frio na barriga e das palpitações no coração quando verbalizei para a diretora minha intenção de assumir a liderança da área de qualidade. Na época, eu era analista de qualidade, e estávamos em uma reunião com a temida e poderosa Silmara, diretora técnica da empresa, discutindo pendências após o pedido de demissão da então gerente, Geovana, uma profissional experiente e referência no setor, que havia sido substituída por outra gestora vinda de uma concorrente, mas que não se adaptou à cultura da empresa.

O momento era delicado. Estávamos às vésperas de uma auditoria sanitária complexa, um evento que exigia preparo técnico, boa comunicação, resiliência e absoluto domínio dos processos. Sem liderança definida, os diretores estavam apreensivos. Não havia tempo hábil para a chegada de um novo gestor.

Durante a reunião, Silmara externou sua preocupação. O ambiente ficou tenso. A maioria preferia o silêncio a correr o risco de errar diante dela. Foi então que, audaciosamente, me prontifiquei a assumir as responsabilidades da área de modo temporário.

Naquele instante, meu coração parecia uma bateria de escola de samba. A sala ficou em silêncio, tomada por olhares de surpresa e até de deboche. Alguns colegas trocaram olhares como se aquilo fosse apenas ingenuidade da minha parte.

Mas dias depois, para minha surpresa, Silmara me chamou para uma conversa reservada. Ela queria entender minha motivação e avaliar se eu de fato me sentia preparada para o desafio. Expliquei que conhecia profundamente os procedimentos e os riscos da auditoria. Aproveitei para alertá-la sobre pontos críticos que ainda não haviam sido percebidos pela gestão.

Sempre tive um senso de responsabilidade muito forte e facilidade para memorizar números, legislações e informações técnicas. Já dominava as normas regulatórias, os guias e os processos internos da empresa. Silmara ficou visivelmente surpresa. E, a partir dali, passou a me testar. Cada desafio vinha com um novo nível de exigência. Eu mergulhei de cabeça, passei noites sem dormir, estudei tudo que podia. A auditoria foi um sucesso. Pouco tempo depois, fui promovida à minha primeira posição de liderança.

Daquele momento em diante, tive o privilégio de conhecer melhor Silmara, não apenas como gestora, mas como ser humano. Ela era uma mulher brilhante, dedicada, com uma trajetória admirável. Sua postura firme, muitas vezes mal compreendida, era fruto da imensa responsabilidade que carregava. Mas poucos enxergavam isso. Para a maioria, era apenas "a diretora exigente".

Silmara havia feito escolhas duras para estar onde estava. Abrira mão de ter filhos, de uma vida pessoal mais leve, e mergulhou por completo na carreira. Passava os dias, e muitas vezes as noites, na empresa. Respirava a função e o cargo. Sua identidade se confundia com o crachá.

Infelizmente, vi Silmara se aposentar de maneira solitária e dolorosa. Em um cenário corporativo que cada vez mais parece descartar profissionais acima dos 50 anos, como se estivessem "fora do jogo", sua saída foi tratada com indiferença. Décadas de dedicação foram encerradas sem alarde, sem celebração, sem o reconhecimento à altura de tudo que ela entregou. Foi facilmente substituída, como se sua ausência não causasse nenhum impacto real.

Lembro da tristeza em seu olhar nos últimos dias. Por trás da imagem de firmeza, havia certo vazio – como se todo aquele esforço tivesse se dissolvido no ar, sem deixar marcas.

Suas decisões firmes, que um dia sustentaram o negócio em momentos críticos, agora eram lembradas apenas como "dureza". Não pelas renúncias que ela havia feito, nem pelo valor inestimável que havia gerado ao longo dos anos.

E aqui deixo um dos aprendizados mais valiosos que essa passagem me trouxe: se você tiver o privilégio de ter um chefe exigente ao longo da sua jornada, honre esse privilégio. Sim, muitas pessoas se lamentam e acabam atribuindo suas frustrações ou deficiências a terceiros – sobretudo a líderes mais exigentes. Mas, na prática, são justamente esses que mais ensinam, que mais se importam com o seu desenvolvimento. Muitos gestores no mercado pensam apenas em si e mascaram o desinteresse com uma postura "gente boa". Já os exigentes, ainda que firmes, em geral estão verdadeiramente comprometidos com a sua evolução. Por isso, em vez de julgar, aprenda com eles.

A história de Silmara não é única. Desde então, passei a escutar inúmeros relatos de profissionais que, mesmo com currículos impecáveis e trajetórias sólidas, enfrentaram o mesmo destino.

Outro exemplo que me marcou foi o de uma diretora que dedicou décadas à mesma empresa alemã e, anos depois, viria a se tornar minha cliente na fase em que eu já empreendia. Ela era um verdadeiro "poço de conhecimento": dominava a cultura da organização, conhecia detalhadamente os bastidores do negócio e tinha uma clareza estratégica rara. Ainda assim, durante sua transição para a aposentadoria, passou a ser ignorada, descartada, como se seu valor tivesse expirado com o crachá.

As reuniões foram diminuindo, os retornos às suas mensagens tornaram-se escassos, e sua presença, antes indispensável, passou a ser tratada como um incômodo. "É como se eu tivesse me tornado inválida antes mesmo de sair", ela me disse, com um pesar que eu jamais esqueci.

Ambas essas histórias expõem uma ferida silenciosa e real: a invisibilidade que muitos enfrentam quando deixam de ocupar cargos de poder, como se a identidade profissional estivesse condicionada ao título, e não à trajetória construída.

Mas essa não é a única dor que emerge nesses momentos de transição. Existe uma outra ferida, talvez ainda mais profunda, que começa a se revelar quando o silêncio se instala e o reconhecimento externo desaparece: o arrependimento.

“É necessário expressar suas intenções profissionais de modo claro, posicionar-se estrategicamente e, acima de tudo, garantir que as pessoas certas enxerguem seu valor.”

**CARREIRA COM VALUATION**
@mirellafrancomelo

O arrependimento de não ter vivido a vida de maneira mais leve, de não ter priorizado o que realmente importava, de ter adiado sonhos, momentos, conexões, tudo em nome de uma carreira que, no fim, não devolveu o pertencimento prometido.

À medida que comecei a mapear os cenários de insatisfação em carreiras mal planejadas, passei a colecionar relatos significativos que nunca saíram dos meus pensamentos.

Um deles, em especial, me marcou muitíssimo. Uma executiva C-Level, em uma conversa sincera, desabafou: "Eu sinto muita saudade da fase que eu não vivi". Essa frase ficou gravada em mim como um alerta. Não se referia apenas a arrependimento, mas sim à ausência. Ausência de vida vivida, de presença nos momentos simples, de espaço para ser quem se é além do cargo, do crachá, do reconhecimento externo.

E é por isso que falar de carreira como um ativo envolve muito mais que estratégia profissional. É uma conversa sobre escolhas, sobre legado e, principalmente, sobre não deixar a vida escorrer pelos dedos enquanto se tenta sustentar uma identidade que não alimenta mais a alma.

Foi nesse ponto que uma pergunta começou a ecoar dentro de mim com força: será que minha carreira também teria um fim semelhante – silencioso, imposto, sem sentido?

Mas por que a carreira precisa ter um prazo de validade determinado por outros, e não por nós mesmos? Por que naturalizamos a ideia de que, ao atingir determinado ponto, é preciso parar, recuar ou desaparecer, como se não houvesse mais nada a contribuir, a crescer ou a transformar?

Mesmo ainda jovem, passei a refletir profundamente sobre o sentido de tudo aquilo. Eu não queria ser lembrada apenas por um cargo ou por metas entregues. Queria construir algo maior do que um currículo, algo que não se perdesse ao fim de um ciclo. Ainda sem compreender plenamente o conceito de legado, eu já sentia que havia algo ali que precisava ser diferente.

Foi nessa fase que se instalou, ainda que de maneira inconsciente, uma inquietação que mais tarde se tornaria o fio condutor da minha trajetória: eu não queria depender de um crachá para ter valor. Muito menos encerrar minha jornada por um prazo de validade imposto por outros. Eu queria ter o poder de escolher quando, como e por que seguir em frente.

Esse episódio plantou a semente de algo que só anos depois ganharia forma: a consciência de que precisamos pensar estrategicamente sobre nossas carreiras como ativos de valor, e não como peças substituíveis de uma estrutura.

Foi também a partir daí que passei a observar com atenção o quanto profissionais excepcionais são muitas vezes subestimados por não se encaixarem nos moldes tradicionais. Profissionais técnicos, da área da qualidade, por exemplo, como eu fui, carregam o estigma de serem "duros", "rígidos", "pouco políticos". Muitas vezes, são avaliados rasamente por setores de recursos humanos despreparados ou gestores que não compreendem a complexidade da função.

O tempo foi passando e, enquanto muitos seguiram o caminho tradicional, esperando o tempo e os processos definirem suas chances, eu me expus. Busquei. Falei. Assumi riscos. Naveguei por áreas diferentes, aceitei desafios que, em teoria, exigiriam experiências que eu ainda não tinha, e me preparei intensamente para cada um deles.

Claro que nem tudo foram flores. Vieram também os conflitos, os desafios interpessoais, a dureza de lidar com diferentes perfis e, muitas vezes, a solidão de não ser popular. Meu jeito direto e por vezes impaciente, somado à inexperiência emocional, criou obstáculos que precisei superar ao longo do tempo.

Investi em desenvolvimento pessoal, em autoconhecimento e na busca por maturidade. Descobri que certos aprendizados só vêm com o tempo, e que outros podem ser antecipados com orientação genuína e estruturada. Hoje, é isto que me move: compartilhar o que aprendi, encurtar caminhos, ser ponte.

Porque não é justo que carreiras promissoras terminem no silêncio de uma sala de despedida. Não é justo que talentos brilhantes fiquem à margem por falta de uma visão estratégica sobre si mesmos.

E, acima de tudo, não é justo que mulheres fortes e brilhantes, como Silmara e tantas outras, se despeçam de suas jornadas sentindo-se invisíveis. Nem sempre as circunstâncias serão justas, nem todos vão chegar lá, exceto aqueles que decidirem "pagar o preço". No caso de Silmara e das outras diretoras que mencionei, mesmo após todas as duras renúncias de vida, elas chegaram ao topo: ao cargo máximo da empresa, mas não necessariamente com o devido reconhecimento. E isso é ainda mais cruel para aquelas que nem sequer conseguem chegar lá.

Afinal, quantos profissionais passam a vida inteira almejando algum tipo de reconhecimento por meio de cargos e promoções apenas para se deparar com um sistema corporativo que transforma esse objetivo em algo praticamente intangível?

A verdade é que, na maioria dos casos, os resultados não serão justos.

E foi a partir dessa consciência que comecei a refletir, com mais profundidade, sobre a minha própria jornada.

## VALORES INEGOCIÁVEIS

À medida que os anos passavam e minha jornada corporativa se consolidava, minha firmeza e autenticidade se afloravam como consequência natural da responsabilidade técnica e da ética que a função exigia, bem como dos valores que eu me recusava a negociar.

Minha mãe costumava dizer que eu havia "procurado com lupa" uma profissão que exacerbava a minha personalidade forte. Profissionais da qualidade na indústria farmacêutica costumam ter fama de "xerifes" e "chatos". Naquela época, minha postura era demasiadamente "assertiva" como uma espécie de máscara que disfarçava a minha timidez, então era o combo perfeito para se tornar alvo de conflitos interpessoais.

Ser autêntica e defender o que é certo no ambiente corporativo nunca foi uma tarefa simples, sobretudo em um mercado altamente competitivo e orientado para resultados, como o industrial farmacêutico.

A autenticidade, quando aliada à paixão pelo trabalho, pode se tornar um grande diferencial, mas também carrega um peso: nem todos estarão na mesma sintonia e, muitas vezes, esse tipo de postura não se encaixa na cultura predominante das empresas. Afinal, como diz o ditado: "prego que se destaca leva martelada".

A realidade, no entanto, é que grande parte das pessoas com quem convivemos profissionalmente não mergulha de verdade na missão do cargo que ocupam. Essa falta de comprometimento sempre me trouxe uma insatisfação pessoal intensa.

**“Precisamos pensar estrategicamente sobre nossas carreiras como ativos de valor, e não como peças substituíveis de uma estrutura.”**

**CARREIRA COM VALUATION**
@mirellafrancomelo

Por muito tempo, trabalhei sem escolhas. Precisava do trabalho para me sustentar e, diante disso, restavam duas alternativas: fugir dos conflitos e "entrar para a manada", evitando confrontos e ignorando situações que infringiam regras e valores; ou enfrentar os fatos, manter minha integridade e, inevitavelmente, ser alvo de resistências, desafios e discussões.

Sempre escolhi a segunda opção e, por isso, meu caminho foi mais árduo.

Por ser uma mulher jovem em um cargo de liderança, essa jornada era ainda mais complexa e, em muitos momentos, solitária. Por diversas vezes, caí em armadilhas, permitindo que minha indignação falasse mais alto e me levasse a reações que, em vez de fortalecerem minha posição, acabavam servindo de munição para quem tentava desestabilizar minha atuação.

Um exemplo disso é a etapa de liberação das salas produtivas para início dos processos de fabricação dos medicamentos. Assim como ocorre na aviação antes de um avião decolar, existe um rigoroso checklist que precisa ser cumprido pelos responsáveis antes de iniciar um processo produtivo. Nesse checklist são registradas e avaliadas as condições de limpeza e segurança da sala, as quantidades e nomenclaturas dos ativos e excipientes envolvidos nas formulações, as dosagens corretas que devem constar nos rótulos de identificação dos frascos e outros inúmeros fatores cruciais para iniciar um processo com segurança.

Na aviação, isso ocorre de maneira muito semelhante, e é bastante comum haver atraso na decolagem quando o piloto detecta alguma irregularidade no ritual de liberação do voo, o que me leva a crer que o procedimento é cumprido à risca nesses casos. Ainda que a irregularidade seja mínima, é preciso aguardar o tempo necessário até que tudo esteja em ordem para uma decolagem segura.

Foram incontáveis as vezes em que entrei em um ambiente produtivo e me deparei com o checklist de liberação de salas já em uso totalmente em branco, sem nenhum preenchimento, conotando que o ritual de liberação não havia sido realizado.

Sempre que esse tipo de fato acontecia, eu lembrava os envolvidos dos eventos mostrados em um filme sobre Boas Práticas de Fabricação que com frequência era utilizado em treinamentos do setor. Ambientado em uma indústria de medicamentos, o material trata do problema do controle de qualidade na produção, onde sucessões de erros humanos e procedimentos gerenciais incorretos acarretam riscos de segurança tanto na empresa quanto para o consumidor.

Em um dos casos relatados no filme, uma criança vai a óbito por ingerir comprimidos envasados em uma embalagem que estava com a identificação incorreta. Nos frascos, havia comprimidos com dosagem para adultos, enquanto o rótulo do frasco alegava se tratar de um medicamento com dosagem infantil. A causa da falha estava relacionada à negligência na conferência dos materiais da linha de embalagem por parte dos funcionários, que deixaram de cumprir o checklist, confiando na conferência do turno anterior.

Esse era um tipo de situação que tirava a minha paz e, na grande maioria das vezes, o principal "ganho" ao expor a falha alheia e suas potenciais consequências era o surgimento de inimizades declaradas, por ter detectado um fato que jamais deveria ter ocorrido.

A grande verdade é que boa parte das pessoas, incluindo profissionais da liderança, não gosta de escutar problemas e prefere focar os temas que, em sua ótica, tragam resultado para a companhia, como produtividade, cumprimento de metas e outros. A maioria não quer discutir profundamente as causas de um potencial desvio de qualidade que pode causar danos à vida de alguém – tampouco expor suas fragilidades quando são detectadas falhas de processo.

Com o tempo, aprendi que defender valores e padrões de excelência não significa reagir a tudo e a todos. Isso exige estratégia, inteligência emocional e, acima de tudo, resiliência para se manter firme sem se deixar consumir pelo desgaste.

Nem todos estão preparados para colocar sua integridade à prova e, muitas vezes, a resposta para isso são ataques pessoais. Quando expostos a erros, alguns profissionais recorrem a estratégias de desvio de foco, tentando transformar a discussão sobre uma falha crítica em um jogo de intrigas e desmoralização de quem trouxe o problema à tona.

Naquela época, eu ainda não tinha a maturidade estratégica que fui adquirindo ao longo dos anos. Aprendi, com o tempo, que ser superior não é vencer no grito ou no embate. É vencer sem lutar. É não se deixar envolver em intrigas, fofocas ou ataques pessoais, e sim manter a calma e permitir que a ética e o profissionalismo falem por si sós.

A melhor forma de preservar sua integridade no trabalho é evitar "pagar na mesma moeda" diante de situações desafiadoras, em especial quando a discussão envolve dilemas éticos. Nessas situações, manter-se firme em seus princípios pode ser sua maior "arma" contra tentativas de sabotagem. A verdadeira força está em não agir impulsivamente ou de maneira previsível diante do confronto. Esse ensinamento ressalta a importância da estratégia e do autocontrole, em vez de responder diretamente à provocação ou agressão.

Passei anos me sentindo injustiçada e, em muitos momentos, distante da minha essência por assumir um papel ingrato, mas, ao mesmo tempo, essencial e necessário. Com o tempo, aprendi que nossos insucessos quase sempre decorrem da falta de um conhecimento que ainda não adquirimos. Por isso, a busca incessante pela evolução é um requisito fundamental para uma vida de sucesso.

Em determinadas situações, será necessário adotar posturas que, longe de nos afastarem de nossa essência, nos distinguem daqueles que preferem a omissão. Muitas vezes, são pessoas que não têm clareza sobre sua posição na vida ou não possuem coragem para se posicionar quando o contexto exige.

Inspirada por um trecho de *O príncipe*, de Nicolau Maquiavel,[7] compreendi que aquele que tenta parecer "bom" o tempo todo está fadado à ruína em meio a tantos que não compartilham da mesma moralidade. Para manter sua autoridade, é preciso saber se posicionar, ainda que isso, em alguns momentos, possa ser interpretado de modo equivocado. O verdadeiro domínio está em conhecer o jogo e decidir, estrategicamente, quando e como o jogar.

Ser íntegro é ser fiel aos próprios valores. Mas, na época, por falta de estratégia, um dos meus maiores erros foi me expor indevidamente. Em diversos momentos, abri espaço para que decidissem pela minha saída.

Foram ocasiões terríveis – verdadeiros velórios. E, na maioria das vezes, eu não tinha um plano B. Depois de anos dedicando minha vida

---

[7] MAQUIAVEL, N. **O príncipe**. São Paulo: Edipro, 2018.

“A autenticidade, quando aliada à paixão pelo trabalho, pode se tornar um grande diferencial, mas também carrega um peso.”

**CARREIRA COM VALUATION**

@mirellafrancomelo

a um negócio como se fosse meu, era impossível não me sentir assim. Mas, com o tempo, entendi que boa parte da responsabilidade também era minha – por não ter, na época, o preparo necessário para agir com estratégia nem a prudência de construir alternativas.

Por diversas vezes, questionei o caminho que escolhi, cogitei mudar de profissão e até repensar minha postura. Mas, no fim, sempre acabava voltando para o mesmo ponto: era dali, da minha expertise e do meu conhecimento, que vinha meu sustento. Minha experiência e reputação me garantiam alta empregabilidade, mas esse ciclo constante de batalhas já não parecia ter um custo-benefício que fizesse sentido para mim.

Felizmente, nessa época, minha mãe ainda estava ao meu lado, sempre pronta para compartilhar um aprendizado ou oferecer uma palavra de conforto. Como psicóloga, tinha uma sensibilidade única para lidar com as pessoas e, ao contrário do ditado "santo de casa não faz milagre", eu tive o privilégio de receber esse apoio ao longo da minha vida.

Nessa fase, eu já tinha trinta e poucos anos e morava sozinha em um apartamento na capital de São Paulo. Nos finais de semana, pegava a estrada de volta para o interior para ficar com minha mãe. Sempre havia uma comida quentinha me esperando – um gesto simples, mas que revigorava minhas energias. Meus irmãos já estavam casados, então, por alguns anos, tive o privilégio de tê-la praticamente só para mim.

Foi justamente nesse período de desgastes profissionais que enfrentei uma profunda crise existencial. Frustrações no trabalho, o peso da idade avançando e uma desilusão amorosa me fizeram sentir como se estivesse presa em um ciclo de perdas. Nenhuma esfera da minha vida parecia estar no eixo – era o que muitos chamariam de inferno astral. Esse é o ônus de quem, por muito tempo, prioriza a vida profissional acima de tudo.

A desilusão coincidiu com uma injusta demissão, e, naquele momento, tive a sensação de que meu mundo iria desabar. Apesar de já ter superado desafios antes, dessa vez parecia diferente. Era como se não houvesse saída. Foi por um triz que não mergulhei em um quadro devastador.

Minha mãe, com sua criatividade e sensibilidade, sempre buscava formas de me alegrar e aliviar minha dor. Em uma de nossas conversas durante essa fase turbulenta, ela compartilhou uma metáfora que, à primeira vista, me pareceu sem sentido: a diferença entre uma cenoura, um ovo e um punhado de café diante da água fervente. Sim, exatamente isso. Não foi erro de escrita.

— Imagine esses três elementos imersos em água fervente por um longo tempo. O que acontece com eles depois disso? — perguntou.

Sabendo que era mais uma de suas estratégias para me tirar do fundo do poço, respondi sem muito entusiasmo:

— Ah, mãe... Eles cozinham, claro! Mas aonde você quer chegar com isso?

Ela riu e insistiu:

— E o café? O que acontece com ele?

— Bom, vira uma bebida quente... Mas continuo sem entender! Qual é o ponto?

Com paciência, ela explicou:

— Se observar bem, verá que cada um desses elementos reage de modo diferente ao calor. A cenoura amolece, perde sua firmeza e, para alguns, se torna sem graça. O ovo endurece por dentro, como acontece com pessoas que se fecham após experiências difíceis e se tornam amargas. Já o café... Ah, o café! Ele não apenas resiste ao calor, mas se transforma, perfuma e melhora o ambiente ao seu redor. O estresse da turbulência faz com que ele se torne ainda mais especial.

Ela me olhou nos olhos e continuou:

— Sei que esse momento está sendo extremamente difícil para você. Mas qual é o resultado que você busca para a sua vida? Quem você quer ser? A cenoura frágil? O ovo endurecido e amargo? Ou o café, que se reinventa e transforma a adversidade em algo positivo?

Naquele instante, enxuguei as lágrimas e respondi, com um resquício de confiança renascendo:

— O café, mãe! Quero ser como o café!

Antes de sair, ela me abraçou forte e disse que se orgulhava muito da profissional íntegra e ética que eu havia me tornado. Mas fez uma ressalva:

— O café também simboliza leveza, filha. Você precisa aprender a se perdoar, aceitar e, acima de tudo, aprender a deixar ir.

Desde então, essa história me acompanha em cada novo desafio. O café se tornou uma das minhas maiores paixões — forte, coado e sem açúcar, exatamente como a vida deve ser encarada: com intensidade e sem disfarces.

Agora eu faço a pergunta para você: quem você decide se tornar diante das turbulências da vida?

“A busca incessante pela evolução é um requisito fundamental para uma vida de sucesso.”

**CARREIRA COM VALUATION**

@mirellafrancomelo

# 5.

# DANDO VOZ AOS VALORES

Passei muitos anos em busca de um significado maior e de uma solução para os desafios da minha trajetória profissional. Hoje, percebo que minha maior dificuldade não era lidar com as adversidades, mas separar os fatos de maneira objetiva.

Uma coisa era o descaso de alguns profissionais em relação a processos inegociáveis. Outra, bem diferente, era a barreira que eu mesma criei na forma de me relacionar com as pessoas devido à carga de responsabilidade da minha função.

Aprender a diferenciar essas questões foi um divisor de águas no meu processo de autoconhecimento. Com o tempo, compreendi que boa parte das minhas frustrações e dos meus insucessos estavam ligados à falta de habilidade em me comunicar de maneira eficaz. Mas, acima de tudo, aprendi que os valores que sustentavam essa "luta" jamais poderiam se perder na minha voz.

Apesar de todos os desafios que enfrentei, a maturidade me ensinou a encarar os obstáculos com coragem, expondo minha vulnerabilidade e minha disposição para evoluir, tanto como profissional quanto como ser humano. Tive inúmeras oportunidades de desistir e seguir um caminho mais fácil, mas escolhi o crescimento.

Nem todos os profissionais possuem uma veia política. E, na verdade, nem todos deveriam ter. Há um mito silencioso que paira sobre as carreiras: o de que, para crescer, é preciso ser popular, jogar o jogo, agradar a todos. Mas a verdade é que as posições de maior responsabilidade muitas vezes exigem justamente o oposto.

O profissional que assume um papel estratégico, que carrega a responsabilidade de tomar decisões difíceis, nem sempre será aplaudido. E tudo bem. Sua missão não é colecionar simpatias, mas entregar resultados com integridade, visão e compromisso. A popularidade pode ser um bônus, mas jamais pode ser a métrica definitiva de competência.

Ainda assim, em muitos ambientes, profissionais excepcionais são penalizados por não serem políticos o suficiente. Por não fazerem concessões para agradar. Por não escolherem atalhos mais fáceis para conquistar aliados. Mas será que um líder de verdade deveria ser julgado pelo número de mãos que aperta?

É preciso quebrar essa lógica. Nem sempre o profissional mais falante é o mais competente. Algumas funções exigem discrição. Outras, firmeza. Outras, ainda, um pragmatismo que pode incomodar. E nada disso deveria ser confundido com falta de capacidade.

A verdadeira liderança não se mede pela aceitação instantânea, mas pela construção de um legado sólido. Profissionais brilhantes não deveriam ser punidos por sua natureza reservada, por sua honestidade incômoda ou por sua resistência a jogos políticos. O mundo corporativo precisa, urgentemente, aprender a reconhecer o valor que vai além da superfície. Pois, no fim das contas, são as decisões difíceis, e não as palavras bonitas, que fazem a diferença.

Ao longo do tempo, testemunhei talentos sendo desperdiçados e profissionais estagnados diante das dificuldades de ascensão no ambiente corporativo. Por outro lado, vi muitos que sequer tinham ambição ou vontade de buscar novas perspectivas e aprendi que essa também é uma decisão pessoal, que cabe a cada um.

Meu propósito aqui é justamente este: simplificar e, sempre que possível, encurtar caminhos que podem ser transformados por uma simples atitude de coragem ou pela consciência de que o futuro de cada um depende, antes de tudo, de suas escolhas e atitudes.

Nem sempre as circunstâncias serão justas. Nem sempre o reconhecimento será imediato. Mas aprender a verbalizar suas intenções, com clareza e propósito, pode mudar completamente o seu destino. No fim, não é a aceitação dos outros que define quem somos, mas a soma de nossas escolhas e a coragem de sustentá-las. Afinal, o que define a liderança não é ser o mais popular, mas sim gerar impacto. Não é agradar a todos, mas fazer o que precisa ser feito, com integridade e visão.

O ponto principal dos relatos compartilhados no capítulo anterior, e a principal lição que desejo deixar registrada, é a importância de nunca desencorajar profissionais que enfrentam desafios semelhantes aos que vivi. Pelo contrário, minha missão aqui é incentivá-los a seguir em frente e enfrentar esses desafios de cabeça erguida. Afinal, o certo é certo, mesmo que todos estejam fazendo errado, e, de alguma forma, a vida sempre nos recompensa pela integridade e resiliência.

Gosto muito de uma frase de Steve Jobs que representa bem esse tipo de desafio:

> *Não permita que a cacofonia das vozes alheias supere o sussurro de sua voz interior. E, acima de tudo, tenha coragem de seguir o seu coração e suas intuições, porque eles de alguma maneira já sabem o que você quer se tornar.*[8]

## SETE PRINCÍPIOS PARA ARTICULAR SEUS VALORES

Como mencionei antes, grande parte dos meus insucessos estava relacionada à minha dificuldade em articular preocupações de maneira eficaz e persuadir as pessoas, mantendo um diálogo construtivo – mesmo em ambientes potencialmente hostis.

Levei anos para compreender e aprimorar essa habilidade. Ainda assim, aprendi que existem contextos que simplesmente não merecem nosso desgaste. Por isso, a primeira regra de ouro é: entenda o seu mandato! Esse conceito, amplamente utilizado em Conselhos de Administração de Empresas, nos lembra de que devemos ter clareza sobre até onde vai nossa responsabilidade e influência em determinado contexto.

---

[8] Tradução livre. Original: *"Don't let the noise of others' opinions drown out your own inner voice. And most important, have the courage to follow your heart and intuition. They somehow already know what you truly want to become"*. JOBS, S. 'You've got to find what you love,' Jobs says. **StanfordReport**, 12 jun. 2005. Disponível em: https://news.stanford.edu/stories/2005/06/youve-got-find-love-jobs-says. Acesso em: 18 jun. 2025.

Tive a feliz surpresa de conhecer a obra *Giving Voice to Values*[9] [Dando voz aos valores], escrita por Mary C. Gentile, em uma das aulas do programa de formação para conselheiros e, durante uma discussão sobre ética organizacional, percebi como essa teoria se conectava diretamente com minha jornada.

O livro trata de como falar o que se pensa quando se sabe o que é certo, em ambientes desafiadores. Mais do que discutir o que é certo ou errado, o foco da obra está em como agir e defender nossos valores, mesmo diante de obstáculos. A falta de habilidade em expor situações difíceis pode comprometer não só nosso êxito profissional, mas também nossa integridade e reputação.

A grande lição do livro é que a capacidade de dar voz aos valores pode – e deve – ser desenvolvida. Como qualquer outra competência profissional, ela exige preparação e prática. Muitas vezes, sabemos o que é certo, mas enfrentamos barreiras para agir de acordo com nossos princípios, seja por pressão social, hierarquia ou medo de represálias. A autora explora esses desafios e oferece estratégias práticas para superá-los.

Fiquei extremamente entusiasmada em compartilhar esse conteúdo aqui, pois ele traz um olhar estratégico para a jornada corporativa de profissionais que se deparam com dilemas semelhantes. A seguir, listo alguns dos principais aprendizados que extraí tanto das discussões sobre ética organizacional quanto da leitura desse livro.

1. **Antes de agir, reflita sobre seus valores e as implicações da situação.**
   Analise o impacto de ignorar ou denunciar um problema. Isso inclui: consequências legais e reputacionais para a empresa; sua responsabilidade pessoal, especialmente em setores como os de saúde e farmacêutico, onde a ética é inegociável.
2. **Antecipe a resistência.**
   Preveja como colegas, gestores e envolvidos podem reagir. Justificativas comuns incluem: "Todo mundo faz isso"; e "Isso é necessário para atingir nossas metas". Estar preparado para esses argumentos ajuda a responder com calma e embasamento.

---

9 GENTILE, M. C. **Giving Voice to Values**: How to Speak Your Mind When You Know What's Right. New Haven: Yale University Press, 2010.

3. **Use perguntas para abrir o diálogo.**
Em vez de confrontar diretamente, provoque a reflexão com perguntas estratégicas: "Como a empresa responderia se isso fosse auditado?"; "O que aconteceria se um paciente relatasse complicações?"; "Quais são os riscos dessa abordagem?". Isso direciona a conversa para os impactos éticos e legais, sem criar um tom combativo desde o início.
4. **Reforce seu papel e seus valores profissionais.**
Destaque seu compromisso com os princípios da empresa e da sua área de atuação. Por exemplo: "Quero garantir que estamos promovendo nossos produtos de maneira segura e dentro das regulamentações, para proteger os pacientes e nossa reputação". Isso demonstra que sua preocupação não é pessoal, mas estratégica e alinhada com os interesses da organização.
5. **Ofereça alternativas e busque aliados.**
Construa parcerias na empresa com pessoas que compartilham suas preocupações, como: colegas de confiança; superiores éticos; departamentos de compliance e jurídico, que podem apoiar sua posição.
6. **Pratique previamente o diálogo.**
O método central de *Giving Voice to Values* é ensaiar sua resposta antes de enfrentar a situação. Isso inclui: testar abordagens com mentores ou amigos; treinar argumentos claros e convincentes; simular cenários de pressão para fortalecer sua confiança e reações.
7 **Avalie o impacto e as consequências.**
Reflita sobre como a situação afeta seus valores e sua carreira no longo prazo. Em casos extremos, denunciar anonimamente ou até buscar uma nova oportunidade pode ser necessário. Mas, antes disso, é sempre válido explorar soluções internas.

Ao longo dessa trajetória, aprendi que não basta ter razão – é preciso saber como expressá-la. A falta de estratégia e habilidade na comunicação pode transformar convicção em isolamento, e, muitas vezes, foi exatamente isso que aconteceu comigo. Não porque eu estava errada, mas porque não soube construir pontes no momento certo.

Olhando para trás, vejo que cada desafio, cada frustração e cada insucesso foram peças essenciais para me tornar a profissional e a pessoa que sou hoje.

Aprendi a separar os fatos, a escolher minhas batalhas e, principalmente, a dar voz aos meus valores sem me perder no processo.

Porém, há algo ainda mais valioso nesse aprendizado: entender que nem todo ambiente merece nosso desgaste. Há lugares onde a mudança é possível, e outros onde insistir significa apenas desperdiçar energia e integridade. Saber essa diferença é um dos maiores sinais de maturidade profissional.

Minha jornada me ensinou que a ética não é apenas "certo" e "errado" – é coragem, estratégia e resiliência. É manter-se firme sem endurecer, ser assertivo sem perder a leveza e construir uma trajetória baseada em princípios inegociáveis.

Se há uma mensagem que quero deixar registrada aqui, é esta: não desista da sua voz. Não permita que pressões externas abafem aquilo que você sabe ser certo. Com o tempo, você perceberá que o verdadeiro sucesso não está no reconhecimento externo, mas na paz de saber que sua trajetória foi trilhada com integridade.

O mundo precisa de mais pessoas que saibam dar voz aos seus valores. Que essa seja a sua maior força.

“O que define a liderança não é ser o mais popular, mas sim gerar impacto. Não é agradar a todos, mas fazer o que precisa ser feito, com integridade e visão.”

**CARREIRA COM VALUATION**

@mirellafrancomelo

# 6.

# CONSTRUINDO VALOR ALÉM DO CARGO

Bom, chega de perrengue. Já mergulhamos o suficiente nas dores, nos desafios, nos conflitos e nas injustiças que marcam tantas trajetórias profissionais. Agora, é hora de mudar o foco. Olhar para soluções. Para caminhos possíveis.

E se deixássemos de ver o cargo como o maior símbolo de sucesso e começássemos, com intenção, a construir nossa própria marca? E se, em vez de esperar por um reconhecimento formal, aprendêssemos a reconhecer, de verdade, o nosso próprio valor? E se fosse possível transformar a nossa trajetória em um ativo?

O sucesso real não está apenas no cargo que ocupamos. Está na clareza da nossa identidade profissional, na intencionalidade das nossas escolhas e na liberdade de direcionar a própria história. E isso só acontece quando deixamos de esperar permissão e passamos a assumir o protagonismo da nossa jornada.

## SEU VALOR NÃO ESTÁ NO CRACHÁ

O termo "marca pessoal" tende a ser associado a certo exibicionismo, como se falar de si mesma fosse sinônimo de vaidade ou autopromoção. Mas a verdade é que todos nós já temos uma marca, quer estejamos cuidando dela ou não.

Marca pessoal, em essência, é a sua reputação, é o que dizem sobre você quando você não está na sala. É a impressão que você deixa, a percepção que constrói por meio das suas atitudes, decisões, entregas e até dos seus silêncios.

E, no mundo corporativo atual, essa percepção é um dos ativos mais poderosos que podemos desenvolver. Mais do que ter um currículo impecável ou ocupar um cargo de prestígio, é fundamental que as pessoas saibam o que você representa.

Construir uma marca pessoal é alinhar presença, posicionamento e propósito. É fazer com que sua comunicação, sua postura e suas entregas falem a mesma língua, uma linguagem coerente com quem você é e com o impacto que deseja gerar. Também é uma forma de conquistar independência, pois, quando sua marca é forte, seu valor caminha com você, e você não fica refém de cargos, chefes ou estruturas.

Sua marca abre portas. Ela antecede você nas conversas. Sustenta sua autoridade mesmo quando o ambiente muda. E o melhor: você não precisa ser popular para ser admirado, só precisa ser coerente.

Durante muito tempo, associei meu valor à empresa em que eu estava, ao cargo que ocupava, ao crachá que me validava, mas bastou uma demissão ou uma transição silenciosa, como a da Silmara, para perceber o quanto tudo isso é efêmero. O verdadeiro valor é aquele que não depende de um crachá para existir, ele está na sua reputação, construída com integridade e consistência; está na sua capacidade de resolver problemas reais; e, principalmente, está na clareza de quem você é, no que acredita e no impacto que deseja gerar.

Quando você desenvolve esse valor interno, estratégico e portátil, não teme mudanças. Você se move com segurança, porque sabe que carrega consigo o que realmente importa. Esse é o valor que caminha com você e que ninguém pode tirar; ele é a soma da sua trajetória, das batalhas que enfrentou, das escolhas que fez quando ninguém estava olhando; ele está nos bastidores, nos bastões que você segurou firme quando muitos desistiram, nos princípios que sustentou mesmo quando pareciam não dar resultado imediato.

Construir esse valor é um investimento silencioso, mas poderoso. E, quando ele floresce, nenhuma posição é grande o bastante para contê-lo – e nenhuma queda, profunda o bastante para paralisá-lo.

O mesmo princípio vale para empresas e negócios. Negócios não crescem por acaso. Crescem quando há clareza de direção, responsabilidade nas decisões e consistência na execução. Crescem com visão estratégica. Crescem com governança.

E não estou falando de fórmulas complexas ou manuais teóricos. Estou falando de olhar para o futuro com coragem, tomar decisões baseadas em princípios, não apenas em pressões, e construir estruturas que sustentem o crescimento, mesmo em cenários adversos.

Negócios que crescem com governança, de maneira saudável, sabem quem são, aonde querem chegar e, principalmente, como chegar lá sem renunciar ao que realmente importa.

Crescer por crescer não faz sentido. Até porque crescer de modo desestruturado é uma das maiores armadilhas empresariais. O que sustenta um negócio no longo prazo é a forma como ele combina estratégia com responsabilidade. Ambição com solidez. Movimento com estrutura.

Onde está o segredo, então? Por que tantos profissionais, mesmo altamente qualificados, têm dificuldade de comunicar o próprio valor? Por que, mesmo com trajetórias sólidas e resultados consistentes, ainda se sentem inseguros ao se posicionarem como ativos estratégicos no mercado? E por que algumas empresas conseguem ser tão valorizadas a ponto de atraírem investimentos, gerarem desejo e se tornarem vendáveis – enquanto outras mal passam da página dois?

A diferença não está apenas no talento individual ou na qualidade do produto. Está na clareza de posicionamento, na forma como comunicam o valor que geram e, acima de tudo, na capacidade de traduzir essência em estratégia.

Uma base sólida se constrói com pragmatismo e aos poucos se transforma em liberdade de escolha. E essa liberdade de escolha pode se manifestar de diversas formas: buscar novas oportunidades que realmente reconheçam seu talento, atuar como consultor em sua área de expertise, construir autoridade no setor ou, ainda, empreender com seu próprio capital intelectual. Afinal, quando seu conhecimento se torna um ativo escalável, você conquista autonomia para crescer de maneira independente. Mas isso não acontece por acaso – exige estratégia, preparação e visão de longo prazo. Porque, no mundo profissional de hoje, sucesso não é só encontrar uma vaga, mas sim criar o próprio espaço.

E mais: uma carreira de valor está diretamente ligada à sua longevidade. Manter-se ativo, intelectualmente engajado e profissionalmente relevante é vital, não apenas para a carreira, mas também para a vida. O profissional contemporâneo não precisa mais seguir o modelo tradicional de aposentadoria.

Quando há propósito, visão e preparação, é possível permanecer em movimento, contribuindo e evoluindo continuamente.

No fim das contas, os profissionais que aprendem a expressar seu valor ao mercado e as empresas que se tornam desejadas e vendáveis têm algo em comum: visão estratégica, ousadia calculada e operação consistente, e é exatamente sobre isso que falaremos nos próximos capítulos.

## O PODER DA MENTALIDADE EMPREENDEDORA: TRANSFORMANDO CONHECIMENTO EM VALOR

Sempre sonhei com minha independência profissional e financeira, mas, por muito tempo, o empreendedorismo parecia um caminho improvável. Eu acreditava que meu crescimento estava diretamente ligado à projeção de carreira dentro das empresas e, apesar dos inúmeros desafios, tinha verdadeiro pavor de "abrir mão" dos benefícios e da excelente remuneração que a indústria farmacêutica me proporcionava. Para mim, levaria uma vida inteira para alcançar, empreendendo, o mesmo patamar que havia conquistado no mundo corporativo. Com o tempo, descobri que era exatamente o contrário.

Essa mentalidade, que por tanto tempo foi minha, hoje vejo como um dos grandes bloqueios que impedem profissionais brilhantes de explorarem todo o seu potencial. Compreender essa dinâmica foi um dos aprendizados mais transformadores da minha trajetória – e foi justamente nesse processo de mudança de visão que minha vida tomou um novo rumo.

Por consequência do destino, me casei com um profissional do mercado financeiro, especialista em *Mergers and Acquisitions* (M&A), ou seja, fusões e aquisições de empresas. Essa área atua diretamente na avaliação, estruturação e negociação de transações estratégicas entre empresas, desde compra e venda até parcerias e incorporações. Esse contexto trouxe a ele uma visão panorâmica e, ao mesmo tempo, extremamente prática sobre empreendedorismo, valuation e geração de valor nos negócios. Com o tempo, passei a ter o privilégio de compreender e aplicar esse conhecimento na minha própria vida.

Nossos mundos profissionais eram totalmente distintos, mas, curiosamente, tínhamos muito em comum. Nós nos conhecemos através de amigos no ambiente corporativo, e eles até hoje brincam que fomos apresentados como "tampa e panela". Coincidentemente, compartilhávamos uma obsessão por compliance, governança e, claro, trabalho.

E é preciso dar o braço a torcer: meu marido foi um dos maiores presentes que a vida corporativa me trouxe. Além de parceiro de vida, tornou-se um parceiro de visão. Foi ele que, com seu olhar estratégico e suas perguntas certeiras, me fez enxergar possibilidades que, por muito tempo, eu sequer cogitei. Sua confiança silenciosa no meu potencial me ajudou a romper barreiras internas e a abrir espaço para construir uma nova trajetória mais livre, mais alinhada com minha essência e com um novo entendimento sobre o que significa, de fato, ter uma carreira de valor.

Nosso relacionamento, no entanto, não começou como um conto de fadas. Pelo contrário, enfrentamos desafios, desilusões e incertezas - mais uma prova de que, para variar, nada na minha vida veio fácil. Porém, o tempo nos fortaleceu, e nos tornamos verdadeiros aliados.

Antes mesmo de me conquistar, ele conquistou o coração da minha mãe, e dizem que, quando a mãe abençoa, as chances de dar certo aumentam. Hoje, reconheço que dizer "sim" a esse casamento foi uma das melhores decisões da minha vida.

Ele costuma afirmar que o que mais o encantou foi minha independência, ousadia e determinação na carreira. Já eu fui conquistada porque ele atendia boa parte do meu "checklist" de requisitos essenciais para um relacionamento seguro e saudável - sim, acredite se quiser. Como uma boa gestora de qualidade e compliance que fui, é claro que eu não poderia deixar de mapear os riscos do meu próprio relacionamento, não é mesmo?

Logo percebi que a vida me tornou forte e independente não para que eu continuasse me protegendo atrás dos escudos emocionais que construí, mas para que eu aprendesse a usá-los com inteligência, transformando vulnerabilidades em fortalezas. E, nesse processo, ele teve um papel crucial, me mostrando que reconhecer minhas fragilidades não me tornava mais fraca, mas sim mais forte, mais estratégica e mais consciente do meu próprio poder.

A grande verdade é que estávamos na mesma sintonia, e sempre acreditei que a vida recompensa aqueles que seguem firmes em seus propósitos.

“Você não precisa ser popular para ser admirado, só precisa ser coerente.”

**CARREIRA COM VALUATION**

@mirellafrancomelo

Nossas ambições e nossos objetivos estavam perfeitamente alinhados, mas, ao mesmo tempo, vivíamos realidades bastante diferentes.

Enquanto eu passava os dias trabalhando em uma fábrica, almoçando em um refeitório com horários rígidos de entrada e saída e enfrentando todos aqueles desafios que já mencionei, ele tinha uma agenda flexível no escritório, e sua principal atividade incluía almoços de negócios nos melhores restaurantes de São Paulo – *brincadeira!* Ele fazia mil e uma coisas, porém sua agenda no escritório seguia flexível. Piadinhas à parte, a história dele de superação, determinação e foco é inspiradora; são qualidades que o levaram a se tornar financeiramente independente desde cedo e um profissional muitíssimo respeitado no mercado financeiro.

Lembro-me bem das nossas primeiras conversas mais "técnicas", quando ele tentava me explicar conceitos financeiros como juros, inflação e retorno de investimento. Na época, esses temas não faziam parte do meu repertório, mas hoje, como empresária e investidora, vejo o quanto se tornaram essenciais. Eu até achava que entendia um pouco de economia e gestão financeira. Afinal, era responsável pela administração das contas da área técnica que gerenciava e acreditava ter feito boas escolhas financeiras até então. Mas, aos poucos, fui percebendo o quanto meu conhecimento era superficial e comecei a me interessar cada vez mais pelo assunto.

Ele falava com naturalidade sobre grandes números, grandes investimentos, enquanto minhas metas e perspectivas da época não passavam de seis dígitos. Foi um choque de realidade e também um incentivo para ampliar minha visão e aprender a jogar em outro nível.

Naquela fase, estávamos avaliando a compra do nosso primeiro apartamento, e controlar a ansiedade nesse processo foi um grande desafio para mim. Como muitas pessoas, eu tendia a colocar a carga emocional acima da racionalidade na decisão de comprar ou alugar um imóvel.

Com o tempo, aprendi que o dinheiro precisa ser respeitado e que toda decisão financeira deve ser tomada com pragmatismo, considerando fatores como a taxa de juros do país, a inflação e outros indicadores que impactam diretamente o investimento. Assim, a compra do nosso primeiro imóvel foi feita com planejamento, paciência e no momento certo – uma lição valiosa que levo para todas as minhas decisões financeiras desde então.

Inevitavelmente, conversávamos muito sobre os desafios que eu enfrentava no ambiente de trabalho, e ele foi me ajudando a desenvolver uma mentalidade mais estratégica – a enxergar oportunidades de empreender por meio do meu próprio capital intelectual. Aquele ditado "nosso conhecimento é algo que ninguém pode tirar de nós" nos faz refletir que isso também pode ser nossa maior fonte de investimento, desde que construído de modo consistente e agregador.

Foi a partir dessas reflexões que comecei a vislumbrar a minha própria carreira como um ativo de valor, algo que poderia ser monetizado de maneira inteligente e estratégica, sem que eu precisasse abrir mão da minha essência ou da minha liberdade. Percebi que o maior investimento que qualquer profissional pode fazer é acumular conhecimento, experiência e habilidades que, no tempo certo, podem ser transformados em autonomia, autoridade e geração de valor real para o mercado.

Meu marido optou por empreender cedo, e um ponto interessante que ele trouxe à tona, em uma de nossas conversas, foi a baixa longevidade de profissionais em carreira celetista (minha categoria até então). Mesmo em cargos de alta gestão, não é comum encontrar profissionais com mais de 50 anos. Em contrapartida, a sobrevida de um empresário executivo geralmente é muito maior. Claro, isso não é uma regra absoluta. Profissionais que sabem negociar bem seu capital intelectual, inovar constantemente e se manter relevantes no mercado podem, sim, construir carreiras longas e sustentáveis. No entanto, de modo geral, a estabilidade em cargos corporativos tende a se tornar mais frágil à medida que a idade avança.

Foi nesse ponto que percebi: escolher empreender – ou ao menos estruturar alternativas profissionais para além do modelo tradicional – é, antes de tudo, uma decisão baseada em gestão de riscos. Trata-se de avaliar com lucidez os riscos de permanecer em um único modelo, em que a renda é fixa e a continuidade depende de fatores muitas vezes fora do seu controle, *versus* os riscos (e oportunidades) de construir um caminho com múltiplas fontes de receita, maior autonomia e escalabilidade.

Assim como nas empresas, a diversificação, a capacidade de adaptação e a antecipação de cenários são elementos-chave na carreira de quem deseja longevidade com liberdade. O risco, quando bem gerido, se torna potência.

Um bom exemplo de como transformar essa realidade é o dos profissionais que atuam em conselhos de administração. Além de serem referências em suas áreas, esses conselheiros precisam ter independência – inclusive financeira – para exercer seu papel com isenção, visão estratégica e responsabilidade. Estar ou não vinculado a determinada corporação torna-se uma escolha, e não uma necessidade.

Isso evidencia o poder de uma carreira construída como um ativo de valor, que oferece liberdade, autoridade e longevidade profissional. Essa liberdade pode surgir tanto do empreendedorismo, com múltiplas fontes de receita e autonomia sobre os rumos da própria atuação, quanto de uma trajetória sólida e estrategicamente posicionada no mercado, com credibilidade, consistência e capacidade de gerar valor para além de um único cargo ou vínculo empregatício. O ponto central é enxergar a carreira como um patrimônio – que deve ser planejado, cultivado e valorizado ao longo do tempo.

A parte engraçada de ser casada com um profissional de M&A é que tudo acaba se resumindo a números, termos técnicos ou venda. Nossos amigos mais próximos sempre brincavam, dizendo para eu tomar cuidado para não ser literalmente vendida em alguma negociação do meu marido.

À medida que minha visão ia sendo ampliada para o lado do empreendedorismo, inúmeras questões surgiam na minha mente – como qual seria a maneira mais adequada de mensurar o valor de uma empresa.

Logo descobri que uma das formas mais comuns de avaliar o valor financeiro (valuation) de uma empresa é por meio de projeções futuras de fluxo de caixa, utilizando uma métrica técnica chamada *Discounted Cash Flow* (DCF, ou Desconto de Fluxo de Caixa). Ou seja, nessa abordagem, trazemos a valor presente todas as potenciais receitas futuras do negócio, descontando os riscos e a taxa de retorno esperada. Esse método permite uma avaliação mais precisa da viabilidade e do valor real da empresa no longo prazo, tornando-se uma ferramenta essencial para fusões, aquisições e decisões estratégicas no mercado financeiro.

Mais adiante, vamos nos aprofundar nesse conceito com exemplos práticos e adaptações para a vida profissional. Por ora, essa introdução serve apenas como base para começarmos a explorar a lógica por trás da construção de valor – um dos pilares centrais do nosso Plano de Voo.

Para me ajudar na visualização de como esse conceito poderia ser projetado para uma carreira "solo", meu marido fez uma analogia utilizando a mesma métrica aplicada à avaliação de empresas. Ele adaptou a lógica do DCF a um contexto individual, criando uma simulação diferente. Em vez de projetar o fluxo de caixa de uma empresa, trouxe a valor presente as projeções financeiras de uma pessoa, considerando seu potencial de geração de receita ao longo da vida profissional.

Fizemos um exercício comparando a remuneração de um empreendedor com a de um executivo celetista. Considerando-se que a sobrevida profissional do celetista tende a ser mais curta, os valores projetados para o empreendedor mostraram-se, em muitos casos, significativamente maiores ao longo do tempo.

Exemplo hipotético:

Se um profissional celetista com idade média de 35 anos ganha um pacote anual de 120 mil reais e pretende manter esse padrão pelos próximos quinze anos, isso representa uma geração potencial de pouco mais de 3 milhões de reais – considerando-se apenas o incremento líquido (aumentos menos a inflação). Trata-se de um cenário conservador, no qual o salário é reajustado apenas pela inflação e o potencial de crescimento real é limitado.

A grande questão aqui é que 100% do tempo, da energia e da renda desse profissional estão atrelados a uma única fonte: seu vínculo empregatício. Isso significa depender da permanência em uma estrutura e das decisões de terceiros, o que restringe significativamente sua autonomia e capacidade de construir alternativas de valor ao longo da trajetória.

Vale ressaltar que, nesse modelo, a capacidade de acumular essa quantia é praticamente irrisória, tendo em vista os custos mensais de sobrevivência, que consomem a maior parte da renda. Ou seja, esse montante de 3 milhões de reais não representa um capital acumulado; trata-se apenas de uma projeção teórica de geração de valor ao longo do tempo – e que, na prática, dificilmente se transforma em patrimônio real, se não houver uma estratégia consciente de alocação e diversificação.

Agora, se olharmos para um perfil empreendedor, mesmo atuando como prestador de serviços em projetos pontuais, o cenário muda. Ao contrário do vínculo celetista, aqui não há uma entrega de 100% do tempo a uma única fonte. Esse profissional pode estruturar sua atuação de maneira estratégica, atendendo mais de um projeto, consultoria ou cliente simultaneamente.

Vamos supor que ele consiga negociar o valor de sua entrega com um pacote anual semelhante ao que recebia como celetista em um único projeto – mas replicado em dois ou mais clientes. O valor acumulado já no primeiro ano poderia ser, no mínimo, o dobro, como fruto da diversificação de fontes de receita e do aproveitamento inteligente do seu capital intelectual.

Em quinze anos, isso representaria um valor exponencialmente maior, à medida que a entrega passasse a ser estruturada de modo escalável, com produtos, soluções ou metodologias que ampliem seu alcance sem depender exclusivamente da venda direta do tempo.

É importante observar que os gastos mensais de um empreendedor podem ser semelhantes – ou até consideravelmente maiores – aos de um profissional celetista, dependendo do tipo de atuação e do modelo de negócio escolhido. No entanto, mesmo com custos mais elevados, a capacidade de guardar dinheiro e o valor acumulado ao longo do tempo tendem a ser significativamente maiores. Isso, porque o empreendedor tem mais controle sobre a alocação dos recursos, mais margem para reinvestimentos e mais possibilidades de gerar retorno sobre o próprio conhecimento.

Além de o montante ser mais expressivo, há outro fator essencial: a possibilidade de reinvestir parte desses ganhos em novos negócios, formações, ativos digitais, licenciamento de conhecimento ou até mesmo na própria marca pessoal – o que pode multiplicar ainda mais o valor ao longo do tempo. Enquanto o salário tende a seguir uma curva estável e limitada, o empreendedorismo bem-estruturado pode seguir uma curva exponencial.

Essa comparação entre a trajetória de um empreendedor e a de um executivo celetista, além de elucidar possibilidades que até então eu não enxergava, me levou a uma reflexão importante: embora muitos profissionais optem por buscar alternativas de empreendedorismo próximo da aposentadoria, a chance de frustração nessa fase aumenta significativamente. Nesse estágio da vida, há menos tempo para ajustes e uma margem menor para erros.

Portanto, a melhor decisão seria testar esse novo cenário enquanto ainda há tempo para aprender, corrigir rotas e se recuperar. O grande obstáculo que impede muitos profissionais de fazer essa transição não é apenas a falta de coragem, mas também a ausência de conhecimento, repertório e habilidades estratégicas para empreender com consistência.

Ter um plano B funcionando como uma espécie de contingência para mitigar riscos é, sim, uma abordagem prudente. No entanto, muitas vezes, a melhor forma de desafiar a vida e construir algo maior é assumindo riscos calculados, dando passos ousados, mas sustentados por um capital intelectual robusto, uma visão estratégica e uma preparação sólida que minimize os riscos dessa mudança.

Um exemplo claro disso foi a própria experiência do meu marido. Aos 32 anos, já ocupava o cargo de diretor em uma boutique de investimentos, com bônus, benefícios e uma série de razões – ou desculpas – para permanecer naquela posição por anos. Porém, ele acreditava no próprio potencial e sabia que poderia alcançar realizações ainda maiores em uma carreira solo.

Foi então que tomou a decisão de abrir sua própria empresa, mesmo sabendo que teria menos de 26 meses de capital para se manter. Ou seja, se em pouco mais de dois anos sua nova empreitada não prosperasse, ele teria consumido o patrimônio construído ao longo de sua vida. Ainda assim, a aposta fazia sentido, pois sua alta capacidade de empregabilidade, fruto do investimento constante em seu repertório e habilidades, lhe permitiria voltar ao mercado de trabalho se necessário. Além disso, adiar essa decisão para muito mais tarde significaria aumentar exponencialmente os riscos de recomeçar.

Em resumo, apenas dois anos depois, ele já havia alcançado sua independência financeira, acumulando oito *cases* de sucesso em M&As. Nesse cenário, o retorno para uma posição executiva deixou de fazer sentido, consolidando sua decisão de permanecer no empreendedorismo. Foi nesse período que comecei a entender a importância de fortalecer o repertório empreendedor, mesmo sem ainda enxergar o empreendedorismo como um caminho real para mim na época. Percebi que, independentemente da posição ou do cargo, desenvolver uma visão estratégica e aprender a pensar como dono do próprio destino eram habilidades indispensáveis para qualquer profissional que desejasse crescer de maneira sustentável.

Afinal, o mercado não oferece garantias, e a verdadeira segurança vem da capacidade de se adaptar, inovar e gerar valor, independentemente do cenário.

Ter uma mentalidade empreendedora não significa, necessariamente, abrir uma empresa do dia para a noite, mas sim estar preparado para transformar conhecimento e experiência em oportunidades – seja dentro de uma organização, seja criando algo próprio.

À medida que desenvolvemos uma mentalidade empreendedora, percebemos que a maioria dos negócios que realmente levam a sério e implementam um programa sólido de governança corporativa acabam se tornando negócios vendáveis. Empresas organizadas, com processos estruturados, transparência financeira e gestão eficiente, não apenas crescem de modo sustentável, mas também se tornam ativos desejáveis no mercado – seja para uma venda ou para fusões, aquisições ou aportes estratégicos.

Curiosamente, quando analisamos a carreira de um profissional, a lógica é a mesma. Assim como um empresário precisa construir um negócio sólido para aumentar seu valor de mercado, um profissional que investe no próprio repertório, de maneira estratégica, também se torna mais vendável. Quanto mais conhecimento, experiência e habilidades estratégicas acumulamos, maior o nosso valor percebido no mercado e maior a capacidade de escolha sobre nosso próprio futuro.

Portanto, a clássica brincadeira sobre "vender uma pessoa" pode até não ser literal, mas faz total sentido quando analisamos sob essa ótica. No fim das contas, tanto uma empresa bem-estruturada quanto um profissional qualificado se tornam ativos de alto valor de mercado, sendo constantemente disputados e negociados. E isso não significa ser "vendido" no sentido literal da palavra, mas sim estar em posição de vantagem para escolher as melhores oportunidades e moldar a própria trajetória profissional.

Foi nesse processo que passei a questionar alguns dos paradigmas que haviam me guiado até ali. Se até então eu acreditava que minha ascensão profissional dependia exclusivamente da estabilidade do mundo corporativo, agora começava a perceber que existia algo muito maior: a possibilidade de construir, pouco a pouco, uma base que me permitisse expandir minhas opções no futuro.

E, mais do que isso, todos esses aprendizados me fizeram enxergar que minha carreira não precisava estar limitada a um único caminho. Pela primeira vez, vislumbrei novas possibilidades além do universo corporativo, o que me trouxe um novo tipo de liberdade: a leveza de imaginar que eu não tinha que permanecer presa ao mesmo cenário pelo resto da vida.

Eu ainda não estava pronta para dar um grande salto, mas já entendia que a preparação para qualquer mudança começa muito antes da decisão final. E, naquele momento, o que mais importava era isto: absorver conhecimento, desenvolver novas habilidades e, acima de tudo, aprender a enxergar o mercado sob uma ótica diferente. Porque, no fim das contas, antes de mudar de rota, é preciso ter clareza sobre o caminho que se deseja seguir.

“Assim como um empresário precisa construir um negócio sólido para aumentar seu valor de mercado, um profissional que investe no próprio repertório, de maneira estratégica, também se torna mais vendável.”

**CARREIRA COM VALUATION**
@mirellafrancomelo

# 7.

# VISÃO ESTRATÉGICA

*O maior ativo de um profissional é o capital intelectual acumulado ao longo da vida.*

É hora de começar a estruturar, com mais consciência do estado atual e foco no destino, o seu próprio Plano de Voo. Tudo o que vimos nos capítulos anteriores compõe a base da visão estratégica que desejo explorar com você na construção dos seus próximos passos – seja na sua trajetória profissional, na vida corporativa ou na decisão de empreender.

Essa visão estratégica é fundamental para a construção da sua apresentação além do crachá, ou seja, para que você seja reconhecido pelo valor que representa, e não só pelo cargo que ocupa. O principal objetivo é justamente oferecer elementos que auxiliem essa construção, transformando sua trajetória em um ativo de valor reconhecido, negociável e capaz de abrir caminhos sustentáveis no mercado.

A visão estratégica nasce de uma mentalidade empreendedora, rompendo os padrões impostos pela mentalidade industrial, enraizada há décadas nas estruturas corporativas – e que vai muito além de abrir um CNPJ.

Trata-se de desenvolver a habilidade de pensar como dono da própria carreira, com consciência sobre riscos, planejamento de longo prazo e capacidade de transformar conhecimento em valor real para o mercado.

Para facilitar o entendimento, a virada de chave começa ao olhar para a sua trajetória como se fosse a sua própria empresa. Sim, você, suas habilidades, sua experiência e seu repertório devem ser tratados como uma instituição com fins lucrativos, e o produto é você e o valor que você agrega para o ambiente onde escolhe atuar.

Quando você passa a enxergar sua trajetória com esse olhar, percebe que liberdade, autoridade e longevidade profissional não são privilégios de poucos, mas frutos de escolhas conscientes, consistentes e alinhadas com o que faz sentido para você. Caso contrário, corre o risco de se tornar eternamente um insumo – tratado apenas como parte de um processo produtivo, nunca como um ativo de valor, e prisioneiro das escolhas que não teve coragem de fazer de modo consciente.

O conceito de valuation pessoal, que vimos no capítulo anterior de maneira metafórica para ilustrar as projeções financeiras de um profissional executivo *versus* um empreendedor, passa agora a fazer parte do nosso plano estratégico de desenvolvimento. Essa abordagem foi inspirada na lógica de uma das principais metodologias utilizadas para precificar empresas no mercado financeiro – desenvolvida por Aswath Damodaran ("O pai do Valuation"), referência mundial no tema –, aqui adaptada para a aplicarmos à construção de valor individual ao longo da carreira. Damodaran sempre fez questão de lembrar que valuation não é uma ciência exata – é, antes de tudo, uma arte. Uma combinação de lógica, contexto e narrativa. E foi justamente isso que me aproximou ainda mais desse conceito.

Afinal, quando você começa a enxergar sua trajetória como um ativo, cada decisão deixa de ser apenas uma escolha pontual e passa a compor o patrimônio estratégico que você vai construindo ao longo do tempo. Vale dizer que conceitos como esse, tradicionalmente atrelados a negociações de compra e venda de empresas, são muitíssimo complexos e, muitas vezes, restritos a um grupo seleto do mercado financeiro que detém conhecimento técnico e poder de alavancagem para expandir negócios e multiplicar ativos, mas nem sempre fazem parte do linguajar de profissionais de outras áreas.

Esses conceitos, no entanto, passaram a fazer parte da minha própria jornada ao transformar meu capital intelectual em valor financeiro. E, já que o objetivo aqui é tratar nossa carreira como um ativo vendável e estrategicamente gerido, resolvi transformar esse conhecimento em um formato de comunicação acessível, como uma oportunidade concreta de aprendizagem para quem deseja evoluir, ampliar repertório e assumir o protagonismo da própria trajetória.

O meu objetivo aqui não é ministrar um curso sobre empreendedorismo, abertura de pequenos negócios, nem nada do tipo. No entanto, para facilitar a transição de uma mentalidade industrial, baseada em estabilidade, repetição e dependência, para uma mentalidade empreendedora, é importante conhecer (ou até mesmo revisitar) os fundamentos que estruturam a constituição de uma empresa. E veja: é fundamental que a gente percorra esse caminho juntos, passo a passo. Só assim essa reprogramação mental fará sentido e a metodologia se sustentará do início ao fim, pois, a partir do momento em que você passa a encarar essas esferas como etapas estratégicas da gestão da sua própria carreira, cada passo deixa de ser apenas uma reação ao que acontece e passa a ser uma escolha consciente, responsável e verdadeiramente autônoma.

Assim como uma empresa sólida se sustenta em pilares fundamentais, construir uma carreira de valor também depende de estruturas claras e bem-definidas. E é aí que os paralelos se tornam ainda mais didáticos e transformadores.

## PARALELOS ENTRE EMPRESAS E CARREIRAS

### IDENTIDADE E PROPÓSITO

- Toda empresa nasce com razão social, nome fantasia, missão, visão e valores.
- Na carreira, isso corresponde ao seu posicionamento pessoal: quem você é, o que entrega, quais valores carrega e aonde quer chegar. Esse é o alicerce da sua visão estratégica e do seu modelo de negócio pessoal, porque toda trajetória precisa de direção clara, propósito e caminhos bem-definidos para entregar valor ao mercado certo.

### PRODUTO OU SERVIÇO

- No mundo empresarial, produto ou serviço é o que se oferece ao mercado.
- Na vida profissional, o seu "produto" são suas competências, experiências e entregas – aquilo que você sabe fazer com excelência e que tem valor percebido. É fundamental saber o que você resolve, para quem resolve e como isso se traduz em valor mensurável.

“Liberdade, autoridade e longevidade profissional não são privilégios de poucos, mas frutos de escolhas conscientes.”

**CARREIRA COM VALUATION**
@mirellafrancomelo

## ESTRUTURA JURÍDICA E PRESENÇA DE MERCADO (MARCA PESSOAL E REPUTAÇÃO)

- Empresas formalizam sua atuação com contratos, registros e estrutura societária.
- Na carreira, isso equivale a assumir seu espaço com autoridade, construir uma presença estratégica e manter coerência nas escolhas. Sua marca pessoal e reputação funcionam como ativos e devem ser fortalecidos com entrega, consistência e governança.

## GOVERNANÇA E RESPONSABILIDADES

- Toda empresa que cresce define papéis, critérios de decisão e modelos de participação.
- Na vida profissional, isso significa tomar decisões com base em dados, contexto e propósito, avaliando riscos e protegendo seus ativos – inclusive sua reputação. Ter governança individual é agir com ética, responsabilidade e visão de longo prazo.

## PLANEJAMENTO FINANCEIRO E TRIBUTÁRIO

- Empresas bem-estruturadas têm capital inicial, planejamento de custos e fluxo de caixa.
- Na carreira, isso se traduz em gestão financeira pessoal, precificação justa do seu trabalho, metas de renda e crescimento sustentável. Quem entende seu próprio valor sabe negociar com estratégia e clareza.

## OPERAÇÃO E CAPACIDADE DE EXECUÇÃO

- Toda empresa precisa executar com consistência para se manter no mercado.
- Na vida profissional, isso exige disciplina, rotina estruturada, processos eficientes e parcerias inteligentes. Gente que constrói carreiras longevas trata sua rotina como uma operação estratégica.

***

Quando você estrutura sua trajetória com esses paralelos em mente, sua carreira deixa de ser apenas uma sequência de cargos. Ela passa a ser um ativo de valor. E você, a liderança por trás desse negócio.

Cabe ressaltar que a mudança de mentalidade também o prepara para um cenário fundamental: a longevidade da sua carreira. Uma trajetória que antes parecia ter um prazo de validade imposto por um ecossistema passa a ser definida por você, pelos seus objetivos e pela estratégia do seu próprio negócio de vida. Você deixa de seguir regras alheias e passa a construir um caminho onde permanecer em movimento é uma escolha, e não uma obrigação.

Eu mesma passei anos acreditando que pessoas comuns como eu dificilmente acessariam níveis mais altos de independência ou realização. Mas, à medida que assumi uma postura mais estratégica – tanto nas escolhas quanto na forma de enxergar possibilidades –, percebi que muito do que me limitava eram crenças antigas, não realidades absolutas.

E, para facilitar a construção mental da visão estratégica que precisamos consolidar no nosso Plano de Voo, juntamente a todos os passos dessa virada de chave, vamos focar, neste capítulo, os elementos que sustentam a base do seu posicionamento: identidade, propósito, produto e serviço. Eles se somam à sua construção de marca e valuation pessoal.

## IDENTIDADE, PROPÓSITO, PRODUTO E SERVIÇO

Falamos em capítulos anteriores sobre a importância do autoconhecimento e, agora, vamos revisitar esse tema sob uma nova perspectiva, aprofundando cada aspecto necessário para que você passe a enxergar, de maneira prática e estruturada, a sua trajetória como um verdadeiro negócio.

Passar por um processo consistente de autoconhecimento é o que torna possível tomar decisões mais alinhadas, viver com mais intencionalidade e construir uma carreira com propósito real. Mas é preciso ir além. Quem deseja construir algo novo – seja uma transição, um negócio ou uma nova fase de carreira – precisa estar disposto a quebrar padrões, desafiar crenças antigas e ressignificar a própria trajetória.

Trata-se de abandonar o pensamento industrial, que nos condiciona a repetir fórmulas e seguir estruturas fixas, e desenvolver de uma vez por todas a mentalidade empreendedora que valoriza autonomia, adaptação, inovação e protagonismo. Não há como querer resultados diferentes se você mantiver o mesmo modelo mental. Reaprender é parte essencial do processo.

O principal objetivo aqui é desenvolver respostas claras sobre quem você é, qual é sua razão de existir, o que move sua trajetória e quais produtos e serviços existem dentro de você, prontos para serem estruturados, comunicados e colocados em movimento. Assim como um avião não pode decolar sem um destino, você precisa saber para onde quer ir. Pergunte-se: qual é o destino do próximo voo?

Para clarear e intensificar sua visão do caminho a ser percorrido, as perguntas-chave são:

- Quais são suas habilidades?
- No que você realmente é bom?
- Que tipo de problema você resolve?
- Que tipo de solução você promove?
- Qual é o produto que há em você?
- Quais são os seus valores inegociáveis?
- Como você enxerga o seu futuro?
- Quais são os riscos que o cercam? Como eles podem ser mitigados e gerenciados?
- Qual é a posição ou o patamar que você deseja alcançar?
- O que faz você se sentir realizado?

É preciso ter clareza sobre o produto que há em você – aquilo que só você pode entregar, com sua história, seu repertório e sua forma de fazer. Seu capital intelectual. Porque é a partir desse entendimento que você começa a construir, de fato, seu valor percebido.

Assim como uma empresa precisa dominar seu produto para vender bem, o profissional que deseja construir um posicionamento sólido no mercado precisa conhecer sua essência, suas entregas e, principalmente, aonde quer chegar. Aspectos como qualidade de vida, saúde física e emocional, família, espiritualidade e presença real no cotidiano devem estar no centro da equação.

Afinal, uma visão de longo prazo só faz sentido quando leva em conta quem você é por inteiro. Seus valores não são acessórios: são condições mandatórias no desenho da sua trajetória.

A partir daí, é necessário identificar o que está faltando no seu repertório. Quais habilidades precisam ser ampliadas? Visão financeira? Resiliência? Mentalidade empreendedora? Domínio digital? Somente com esse repertório fortalecido conseguimos dar o próximo passo para criar uma mudança ousada.

Dentre os pilares dessa jornada, um dos mais importantes é o aprimoramento intelectual. Aprofundar seus conhecimentos, manter-se atualizado e desenvolver habilidades críticas para o futuro do trabalho, como pensamento estratégico, inteligência emocional e domínio digital, são as práticas que diferenciarão profissionais comuns de profissionais valiosos, pois um repertório que tem condições reais de se sustentar como um ativo de valor exige mais do que boas intenções. Conhecimentos, ainda que básicos, sobre contabilidade, investimentos, economia, taxa de juros, inflação, governança, ética e compliance também são cruciais para desenvolver uma avaliação crítica da sua realidade e do mercado. Além disso, estar ao lado de pessoas que possam apoiá-lo, trocar experiências e ampliar sua visão é um diferencial que potencializa sua jornada.

Você se lembra de que fizemos uma comparação entre as perspectivas financeiras de um profissional celetista e as possibilidades ampliadas de um perfil empreendedor? A verdade é que muitas pessoas desconhecem essas informações e, sem acesso ao conhecimento, sentem-se presas, sem enxergar alternativas de evolução. É por isso que conhecimento também é sinônimo de liberdade. Ele amplia escolhas, desbloqueia caminhos e nos prepara para tomar decisões mais conscientes. Mais do que um diferencial competitivo, o conhecimento é uma ferramenta de autonomia. E autonomia, no novo mundo do trabalho, é o que separa os que apenas sobrevivem dos que verdadeiramente constroem.

Agora me diga: qual foi a última vez que você aprendeu a fazer algo que nunca tinha feito antes?

A sua evolução começa exatamente aí: quando você se permite sair do lugar comum e explorar novas capacidades. E se, ao final desta leitura, você ainda não tiver todas as respostas, não se frustre. A construção de uma visão estratégica não é trivial – ela exige constância, intenção e, acima de tudo, coragem para seguir em frente, mesmo diante das incertezas. A ausência de algumas respostas não é sinal de fracasso, mas um convite à investigação, pois o que ainda falta também revela o que precisa ser construído. E é exatamente a partir daí que começa o seu próximo passo.

## MARCA PESSOAL E REPUTAÇÃO

Eu conheço muita gente que não consegue posicionar sua imagem de maneira adequada e, por muito tempo, eu também fui assim. Simplesmente porque nunca tinha parado para trabalhar minha própria identidade de maneira intencional. Só que precisamos compreender que não basta termos conteúdo – mil cursos, palestras, graduações e pós. Para além disso, a forma como nos apresentamos ao mundo também importa e muito. Gostando ou não, feliz ou infelizmente, a realidade é dura: o valor que o mercado enxerga em você estará diretamente atrelado a isso.

Postura, linguagem, imagem e comunicação não são detalhes – são ferramentas estratégicas de posicionamento.

Como já comentei, trabalhei vários anos em um ambiente de fábrica e, por muito tempo, me apresentei e me comportei conforme aquele ambiente determinava. Durante esse período, eu me adequava ao contexto, moldava minha postura, minha forma de falar e até meu comportamento para caber nas expectativas – e, com isso, fui me desconectando cada vez mais da minha essência. Cheguei, inclusive, a masculinizar minha postura como um mecanismo de aceitação e defesa. Eu me escondia de um dos meus maiores ativos: minha autenticidade, minha presença.

Naquela época, parecia o único modo de ser levada a sério e sobreviver em ambientes que valorizavam mais o controle do que a essência. Mas fui, aos poucos, entendendo que imagem, postura, linguagem e comunicação são extensões diretas do nosso valor percebido. Sua presença fala antes da sua entrega e, muitas vezes, é ela que abre ou fecha portas.

A aparência vai muito além da comunicação visual – ela é uma maneira de expressão, consciente ou inconsciente, que se manifesta por meio da combinação de diversos fatores: a forma como nos vestimos, nos movemos, nos expressamos, o tom da nossa voz e a maneira como conduzimos nossas interações. Tanto é que, olhando para trás, fica evidente para mim: o conjunto formado por vestimenta, tom de voz e inseguranças – todos desconectados da minha essência – não comunicava o meu real valor. Por isso, perdi inúmeras oportunidades de ascender na carreira com mais velocidade.

Quando resgatei minha autenticidade e passei a praticar isso com intenção, tudo começou a mudar. Minha autoestima se fortaleceu, minha presença ganhou consistência, e o valor da minha imagem – assim como o valor percebido da minha entrega – passou a ser reconhecido de modo muito mais claro.

Recuperar a autenticidade é, várias vezes, um processo de reaprendizagem. E entender o impacto da sua imagem como parte estratégica da sua narrativa é um passo fundamental para alinhar quem você é com a forma como o mundo o enxerga.

Por isso, estudar como você se posiciona, como transmite sua autoridade e como gera conexão ao contar sua história é parte essencial do seu processo de valorização. É somente depois de entender e alinhar todos esses pontos que você terá condições reais de negociar financeiramente o valor do que entrega. Caso contrário, outros farão isso por você ou, pior, definirão o seu valor sem considerar tudo o que você representa.

Se há uma coisa que aprendi na prática, é que não basta ser boa no que se faz – é preciso saber comunicar esse valor e sustentar, com consistência, a imagem que acompanha essa entrega. O mercado não reconhece o que não enxerga. Se você está desconectado da sua própria imagem, ou se vem repetindo padrões que já não o representam, este é o momento de reconstruir. E essa reconstrução não precisa (nem deve) ser solitária.

Tenha mentores. Busque apoio. Converse com quem já trilhou o caminho. Foi com orientação e troca que consegui resgatar minha essência e transformá-la em posicionamento. Afinal, ninguém constrói nada sozinho. Estar ao lado das pessoas certas – e, mais do que isso, fazer com que elas reconheçam o seu valor – é essencial para qualquer processo de crescimento consistente e sustentável.

E se você ainda não sabe por onde começar, comece refletindo com honestidade:

- O que sua imagem atual comunica sobre você?
- O que você gostaria que ela comunicasse?
- Existe alinhamento entre o que você entrega e o que os outros percebem?

A diferença entre estar presente e ser percebida está na intenção. E a diferença entre ser percebida e ser valorizada, por sua vez, está na consistência. Sua reputação é um ativo. Sua imagem é uma vitrine. E seu posicionamento é o elo entre o que você representa e o valor que o mercado está disposto a reconhecer.

Trabalhar sua marca pessoal não é autopromoção. É responsabilidade. Porque, se você não assumir esse lugar, alguém vai assumir por você. E o risco é deixarem seu valor real fora da equação.

## VALUATION PESSOAL

Agora que mapeamos o produto que existe em você e compreendemos a importância de como esse produto é percebido, temos, enfim, condições de falar sobre valuation pessoal.

A pergunta central aqui é: quanto o mercado reconhece, em termos financeiros, o resultado que você entrega hoje? Ou seja, você está sendo remunerado apenas pelo seu cargo atual ou já construiu uma trajetória que justificaria uma avaliação mais ampla, considerando todo o investimento que tem feito no seu repertório ao longo dos anos?

A resposta está diretamente ligada ao desenvolvimento dos pilares que sustentam o seu valor de mercado: visão, autoridade, reputação, execução e governança. Sem isso, qualquer tentativa de valorização será frágil, inconsistente e vulnerável à comparação rasa. Em outras palavras: você é o seu próprio ativo. E, como qualquer ativo, precisa ser analisado com profundidade.

No universo do valuation tradicional, Aswath Damodaran ensina que valor não é preço – e que o real valor de uma empresa está na sua capacidade de gerar fluxos de caixa futuros, ajustados ao risco e à consistência da entrega. Trazendo isso para o contexto individual: o valor de um profissional não está apenas no salário atual, mas na sua capacidade de gerar impacto, crescer com sustentabilidade e manter relevância ao longo do tempo.

Muitas pessoas passam anos nas suas carreiras sem nunca refletirem sobre isso. Mas, assim como uma empresa precisa ter clareza de seus ativos intangíveis antes de se apresentar ao mercado, cada profissional pode e deve fazer uma avaliação estratégica do seu capital intelectual.

Quando você entende de verdade o que entrega, como entrega e quanto isso impacta o mercado, passa a ser possível precificar seu conhecimento de maneira estratégica, seja para se posicionar melhor, para negociar com mais propriedade ou para planejar seus próximos passos com segurança. E é nesse momento que você deixa de depender exclusivamente da valorização externa e começa, de fato, a construir o seu próprio valor.

Para ilustrar esse contexto e exemplificar como podemos aplicar esse cenário em nossa vida profissional, trago a seguir três aplicabilidades do valuation pessoal. Inspirada nos conceitos mencionados, desenhei exemplos que, muito provavelmente, você já presenciou em outros profissionais, mesmo que ainda não tenha interpretado sob a ótica estratégica que estamos explorando agora.

## EXEMPLO 1: VALORIZAÇÃO INTERNA

O primeiro caso refere-se a quando você deseja ser um profissional atrativo para o mercado vendável, disputado, capaz de ocupar posições estratégicas sem depender da promoção de alguém. Para isso, é essencial estar atento ao apetite do mercado, ampliando seu repertório e sondando negócios, inclusive concorrentes, para entender seu valor real e se posicionar inteligentemente.

Um cenário em que isso se aplica é o de Mariana. Conheci a Mariana em uma imersão de liderança, ainda na minha fase executiva. Ela era uma profissional de marketing com excelente performance em uma empresa estruturada, mas que havia percebido, nitidamente, a ausência de um plano concreto de desenvolvimento da sua carreira para os próximos anos.

Mariana já intuía que, se continuasse ali, a tendência era estagnação. E não por falta de competência, mas por falta de visão do próprio negócio sobre o que fazer com o talento que ela representava. Em um movimento proativo, ela fez sua "lição de casa": decidiu mapear o mercado para entender quais empresas estavam investindo com mais intensidade em transformação digital, inovação e comunicação estratégica – áreas nas quais ela acumulava forte expertise.

E foi além: procurou feedbacks sinceros sobre sua imagem e se perguntou que tipo de leitura estava provocando nos ambientes pelos quais passava. Percebeu que sua presença, sua aparência e sua forma de comunicar estavam desalinhadas com o nível de protagonismo e autoridade que desejava sustentar.

Com essa consciência, passou a cuidar da própria imagem com mais intenção, desde o conteúdo que compartilhava até a forma como se apresentava em reuniões, eventos e interações do dia a dia. Atualizou seu portfólio, fortaleceu sua presença como especialista em canais relevantes e consolidou seu posicionamento com clareza estratégica e autenticidade.

Adotando esse novo olhar, Mariana fez um movimento inteligente: não saiu imediatamente da empresa, mas utilizou tudo o que havia mapeado como base para uma conversa estratégica com a liderança. Até então, ela recebia um salário fixo de 15 mil reais por mês, além de uma bonificação anual variável. O valor era compatível com o cargo atual, mas não refletia o potencial que ela havia mapeado – nem o que o mercado estava disposto a pagar por profissionais com seu perfil.

Com dados de mercado em mãos, clareza sobre seu capital intelectual e domínio sobre o valor que poderia gerar, ela renegociou sua permanência com novos termos:

- Aumento da remuneração fixa para 22 mil reais por mês, com potencial de bônus atrelado a entregas estratégicas.
- Ampliação de escopo, com autonomia sobre os projetos de digitalização e branding.
- E, principalmente, uma nova posição na estrutura, agora mais próxima da alta liderança e com perspectiva real de crescimento.

Mais do que o reajuste financeiro, que foi significativo, Mariana conquistou a consciência de que sua trajetória não precisava ser conduzida no modo automático. A permanência ou a transição, a partir dali, passou a ser uma escolha, não uma imposição, porque agora ela sabia o que entregava, quanto isso valia no mercado e como negociar esse valor de modo estratégico.

Aqui está um ponto essencial: conheço inúmeros outros casos como o dela – profissionais com perfil e atitude de dono, que se antecipam, estudam o cenário, mapeiam riscos e oportunidades. E que, justamente por isso, foram convidados a participar de decisões estratégicas ou até receberam ofertas reais de *equity*, porque o valor que entregam ultrapassa o escopo de um cargo: passa a ser percebido como ativo.

*Equity*, nesse contexto, representa a participação societária ou percentual de propriedade em um negócio. Ou seja, em vez de receber apenas por tempo ou entrega, o profissional passa a ter direito a uma fração dos lucros e do crescimento da empresa, proporcional ao valor que ajuda a gerar. Portanto, o comportamento e o movimento passam a preceder o resultado. É por isso que cultivar uma mentalidade de dono não é apenas um diferencial, é uma alavanca concreta de valor.

## EXEMPLO 2: NEGOCIAÇÃO COM PARTICIPAÇÃO

O segundo cenário é um pouco mais complexo e envolve maior risco – mas, em contrapartida, pode ser altamente promissor. Ele se aplica a negociações estratégicas com empresas, nas quais o profissional propõe sua atuação como um ativo capaz de gerar valor mensurável para o negócio. Ao compreender o valor do seu capital intelectual, você pode utilizar essa métrica para estruturar propostas robustas e se posicionar como um ativo essencial para a estratégia da organização – inclusive propondo modelos de participação em resultados ou *equity*, quando fizer sentido.

Para esse exemplo, eu gosto de citar o caso do Diego, um profissional com sólida experiência no setor industrial farmacêutico. Ao longo da carreira, passou por diferentes cargos de liderança, acumulando conhecimento técnico, visão de negócio e uma reputação respeitada no mercado.

No passado, ele foi convidado para atuar como consultor estratégico em uma startup farmacêutica em fase de crescimento. A empresa tinha um produto com bom potencial, mas ainda operava com estrutura enxuta e baixa margem de manobra para grandes contratações. Antes de apresentar qualquer proposta, Diego buscou entender os números principais da companhia:

- Faturamento líquido anual: 10 milhões de reais.
- Margem operacional (EBITDA): 10%, ou seja, 1 milhão de reais por ano de resultado operacional.

- Valuation estimado: aplicando um múltiplo de mercado de 6x EBITDA, chegou a um valor de 6 milhões de reais.

Dispondo desses dados, ele partiu para o cálculo do seu próprio valuation pessoal. Para isso, considerou os seguintes fatores:

- O salário que recebia anteriormente no setor, de 30 mil reais/mês.
- Seus benefícios e bônus médios anuais, somando 120 mil reais.
- Perspectiva de valorização futura pela atuação estratégica.

Com base nesse histórico, ele atualizou os valores e estimou que o pacote justo para o seu nível seria de aproximadamente 500 mil reais por ano (já considerando eventuais descontos de risco). Mas ele sabia que a startup não teria caixa para pagar esse montante integralmente em dinheiro. Para viabilizar a negociação, Diego propôs uma estrutura híbrida de remuneração:

- 100 mil reais por ano em salário fixo, pagos mensalmente (valor reduzido, mas viável para a empresa).
- 400 mil reais por ano em *equity*, ou seja, participação societária no negócio, acumulada como contrapartida ao valor estratégico entregue.

Considerando-se que o valuation da empresa na época era de 6 milhões de reais, o cálculo da participação societária foi feito da seguinte forma:

1,6 milhão de reais (aporte via trabalho estratégico) ÷
6 milhões de reais (valuation da empresa) = 25% de participação estimada.

Esse percentual foi negociado com cláusulas de *vesting* (que na prática significa ter acesso progressivo à participação ao longo do tempo) e proteções contra diluição precoce em rodadas futuras de investimento.

Com a atuação direta de Diego nas áreas de estratégia, regulação e expansão comercial, a empresa dobrou seu EBITDA nos anos seguintes e passou a valer aproximadamente 12 milhões de reais.

A participação de Diego, que inicialmente representava 1,6 milhão de reais, subiu para cerca de 4,2 milhões de reais. Além da valorização, ele passou a ter direito à distribuição anual de lucros, à valorização patrimonial em futuras rodadas de investimento e à voz ativa nas decisões estratégicas da empresa.

Esse caso mostra como um profissional que conhece seu valor e sabe traduzi-lo com dados, estrutura e visão pode negociar em outro patamar. Diego não apenas precificou sua entrega – ele criou um modelo de remuneração proporcional ao impacto que estava disposto a gerar. E é justamente essa mentalidade que transforma profissionais operacionais em ativos estratégicos – com voz, participação e retorno financeiro compatível com o seu valor real.

O ponto mais interessante desse caso é que o aporte de Diego foi 100% intelectual. Nenhum centavo em dinheiro foi investido. O que foi colocado em jogo foi seu tempo, sua experiência e sua capacidade de gerar resultado.

Se ele tivesse seguido a lógica tradicional, recebendo um salário mensal de 30 mil reais, provavelmente levaria mais de uma vida para acumular o mesmo valor que construiu em apenas quatro anos com essa estratégia.

Foi uma jogada de risco, sim – mas feita com clareza, estrutura e governança, tornando-se uma das decisões mais valiosas da sua carreira.

## EXEMPLO 3: EMPREENDEDORISMO SOLO

Há também um terceiro caminho possível, e ele exige ainda mais coragem, preparo e resiliência: empreender solo.

Nesse caso, o profissional reconhece que seu capital intelectual, sua credibilidade no mercado e suas entregas anteriores já compõem um ativo valioso o suficiente para sustentar um voo próprio. Mas, diferentemente dos dois cenários anteriores (valorização interna ou negociação com participação societária), aqui o desafio inclui construir tudo do zero: estrutura, processos, carteira de clientes e posicionamento como negócio.

Essa jornada tende a ser mais longa, com menos previsibilidade no curto prazo, mas abre espaço para autonomia plena, liberdade de atuação e construção de um legado com identidade própria. É o profissional deixando de ser um ativo em uma organização para se tornar o próprio CNPJ – e isso exige, além de know-how, visão estratégica e planejamento financeiro.

Um exemplo de sucesso é o de Ricardo, um colega do MBA que fiz sobre Gestão da Qualidade e Produtividade. Ricardo é engenheiro de produção e trabalhou por mais de quinze anos em empresas do setor alimentício, sempre na área de melhoria de processos e produtividade.

Ao longo da carreira, percebeu que muitas indústrias de médio porte enfrentavam dificuldades parecidas: queriam crescer, mas não sabiam por onde começar e não tinham estrutura interna para conduzir projetos de eficiência. Com esse olhar atento, Ricardo começou a se perguntar: "E se eu criasse um serviço que ajudasse essas empresas a organizar seus processos e reduzir desperdícios, como eu fazia na empresa onde trabalhava?". Foi assim que nasceu a ideia da sua consultoria.

Mas, ao contrário do que muita gente faz, Ricardo não saiu da empresa em um movimento impulsivo. Ele sabia que, para esse plano funcionar, precisava estar financeiramente preparado. Calculou quanto precisaria ter guardado para manter seus custos fixos nos primeiros meses e desenhou um plano de contingência – com capital mínimo suficiente para sustentar a operação sem comprometer a qualidade das decisões.

Ele também analisou quais serviços poderia oferecer, quais entregas já havia realizado no passado e quanto elas valiam. A partir disso, criou pacotes simples, com começo, meio e fim, e passou a oferecer seu trabalho de maneira pontual – primeiro para uma empresa da rede de contatos, depois por indicação.

Com dois ou três bons resultados nas mãos, usou esses *cases* como prova de que seu modelo funcionava. Foi estruturando um portfólio, aprimorando sua comunicação, montando um pequeno time de apoio e, principalmente, mantendo organização e governança desde o início: com controle das finanças, documentação dos processos e acompanhamento dos resultados.

Hoje, Ricardo atende várias empresas e vive 100% do seu negócio, porém sabe que isso só foi possível porque ele se preparou, teve paciência e tratou sua carreira com o mesmo cuidado e a mesma responsabilidade com que sempre conduziu os projetos que liderava.

***

Os três formatos de valuation apresentados fazem parte de um mesmo movimento: transformar sua trajetória em um ativo estratégico. Cada caminho tem particularidades, riscos e recompensas, mas todos exigem um ponto em comum: clareza sobre o valor que você entrega.

Ao longo deste capítulo, vimos que desenvolver uma visão estratégica demanda mais do que talento ou boa vontade. É um processo que passa por autoconhecimento, posicionamento, construção de autoridade, planejamento e, sobretudo, por entender qual é o valor que você gera e como quer ser reconhecido por ele.

Quando você começa a tratar sua carreira como um negócio, tudo muda. Você passa a negociar com mais segurança, tomar decisões com mais autonomia, criar oportunidades em vez de depender delas e, acima de tudo, manter a consistência que sustenta uma trajetória de valor.

Mas reconhecer o próprio valor é só o primeiro passo. O que realmente faz diferença é transformar essa visão em movimento. Planejar é importante, mas executar com estratégia é o que, de fato, abre caminho para o crescimento.

EXERCÍCIO PRÁTICO

## CLAREZA DE VISÃO COM DIRECIONAMENTO ESTRATÉGICO

Com todos esses exemplos em mente, agora é hora de você se perguntar: aonde exatamente você quer chegar? Como planeja fazer isso? E, para ajudá-lo nesse processo, preparei um exercício com três seções de perguntas, as quais lhe trarão mais clareza sobre o caminho a ser percorrido.

Reserve de vinte a trinta minutos para se desconectar do que está ao seu redor. Pegue papel e caneta, escolha um ambiente silencioso e reflita verdadeiramente sobre as questões a seguir. Não se trata de ser ágil, e sim de ser honesto.

No exercício anterior de gestão de riscos, você mapeou os principais pontos de atenção e vulnerabilidade da sua carreira atual. O objetivo agora é trazer esses pontos de melhoria para este exercício, somando-os à sua visão de futuro ideal, para que ao final você tenha um plano de ação integrado e estratégico.

Aqui, o foco é compreender aonde você quer chegar, como deseja ser percebido e quais movimentos estratégicos precisa fazer para alcançar sua melhor versão profissional, seja no mundo corporativo ou empreendendo com propósito.

Leia as perguntas de cada seção para si mesmo, em voz alta, e as responda com o máximo de honestidade possível.

## 1. VISÃO INSPIRADORA DE FUTURO

- Qual é a visão de futuro que mais me inspira?
- Onde desejo estar profissionalmente nos próximos cinco anos?
- Como seria a minha vida profissional ideal?
- Em que ambiente de trabalho quero estar inserido?
- Com que tipo de pessoas desejo trabalhar e aprender?
- Qual é o produto, o serviço ou a solução que desejo entregar ao mundo?

## 2. IDENTIDADE PROFISSIONAL

- Quais são as três principais habilidades profissionais que quero desenvolver e entregar?
- Que tipo de problemas eu sou capaz de resolver com excelência?
- Qual é o meu diferencial único – aquilo que ninguém entrega como eu?

## 3. VALOR DE MERCADO: O VALUATION PROFISSIONAL

- Se eu pudesse atribuir um valor financeiro à minha carreira hoje, baseado em conhecimento, reputação, entrega e potencial, qual seria esse valor?
- Dos três exemplos citados no capítulo anterior, qual se encaixa melhor na minha trajetória?
- O que eu preciso fazer para aumentar meu valuation profissional nos próximos doze meses, pensando em aspectos como visibilidade, networking, capacitação, autoridade e resultado gerado?

## 4. CAMINHOS ESTRATÉGICOS: CORPORATIVO OU EMPREENDEDORISMO

*Se a sua escolha for continuar ou voltar ao mundo corporativo:*

- Quais empresas estão no meu foco estratégico de carreira?
- O que o mercado atual e o futuro do trabalho esperam da função que desejo ocupar?
- Que repertório técnico e comportamental preciso desenvolver com mais intensidade?

“Reconhecer o próprio valor
é só o primeiro passo.
O que realmente faz
diferença é transformar essa
visão em movimento.”

**CARREIRA COM VALUATION**
@mirellafrancomelo

- Como posso começar a me apresentar estrategicamente ao mercado, para me posicionar como uma escolha, e não como uma opção?

*Se a sua escolha for empreender:*

- Qual problema relevante desejo resolver no mundo com meu negócio?
- Quais startups ou empresas admiro e posso observar como referência?
- Que valores e resultados concretos minha solução entrega para os clientes?
- Como posso começar a mapear oportunidades e me posicionar como especialista no que me proponho a entregar?

## ENTREGA FINAL: UM PLANO DE AÇÃO COM PROPÓSITO E POTÊNCIA

Com base nas reflexões e nos riscos mapeados, crie agora o seu plano de ação pessoal e profissional. Ele deve unir: os pontos de melhoria identificados no exercício de gestão de riscos; a sua visão inspiradora de futuro; e os movimentos estratégicos concretos para construir sua carreira ideal.

Escreva esse plano em tópicos ou parágrafos, como preferir. O importante é que ele represente um compromisso real com você mesmo. Se quiser, dê até um nome para esse plano, algo que represente sua nova fase.

## MEU PASSO DE FÉ: DO MUNDO CORPORATIVO AO EMPREENDEDORISMO

Além dos exemplos mencionados, quero também compartilhar com você a experiência que marcou uma das decisões mais ousadas e, ao mesmo tempo, mais calculadas da minha trajetória.

A partir do momento que expandi a minha consciência para o empreendedorismo, minha mente não conseguia mais enxergar outra opção além de encontrar uma forma de construir algo semelhante. No entanto, o medo de falhar e não achar um caminho seguro ainda me assombrava.

Ao trazer essa reflexão para a minha realidade, comecei a analisar o que estava a meu favor: quinze anos de um repertório técnico sólido; um patrimônio acumulado que me permitiria sustentar essa transição por pelo menos dois anos, desde que eu cortasse todos os gastos supérfluos; e o desejo de me libertar daquele cenário de falta de autonomia e da constante escassez emocional gerada pelo medo de perder o emprego novamente.

Só que, acima de tudo, havia um fator essencial a ser levado em conta: se eu quisesse dar esse passo, precisaria fazê-lo antes de realizar meu grande sonho de ser mãe.

À medida que amadurecia essa análise, algo ficava cada vez mais evidente: meus dias no ambiente corporativo já não tinham mais cor, não faziam mais sentido. Eu me sentia estagnada, limitada, e, pela primeira vez, comecei a levar a sério a ideia de apostar no meu capital intelectual.

Passei a exercitar, na minha própria realidade, o conceito que havia aprendido nas discussões com meu marido. Juntos, fizemos uma simulação do valor financeiro do meu capital intelectual, considerando todos os proventos futuros que eu poderia ganhar, de modo conservador, em um cargo acima do que eu já ocupava, somados a bônus de performance e benefícios. Era uma forma de criar uma métrica clara – um número que eu pudesse perseguir como meta mínima financeira ao empreender nos quinze anos seguintes, levando em conta minha vida útil no ambiente celetista.

Foi nesse processo que compreendi um conceito fundamental: o mercado paga o quanto a gente vale. Mas essa não é uma percepção subjetiva – é um cálculo que pode (e deve) ser feito de modo estratégico. O salário que recebemos não é só um número, mas uma referência concreta do valor que o mercado atribui às nossas habilidades, experiência e capital intelectual.

Se quisermos ter uma visão clara do nosso potencial financeiro, precisamos olhar para os dados reais. Isso significa não apenas analisar a remuneração que já recebemos, mas também pesquisar o quanto o mercado paga para posições semelhantes ou para cargos que acreditamos ter potencial de assumir. Essa informação nos dá um parâmetro sólido para projetar nosso valor de longo prazo e entender quanto de fato poderíamos ganhar ao longo dos anos.

E, com base nesses dados, pude estruturar a projeção de valor do meu próprio capital intelectual. A partir desse momento, minha decisão deixou de ser apenas um salto no escuro e tornou-se um movimento estratégico, baseado em números, cenários e uma visão clara do meu real potencial financeiro.

Ainda assim, o medo da incerteza me rondava. Mas, em vez de deixá-lo me paralisar, escolhi transformá-lo em combustível para a minha decisão. Porque, no fim das contas, o risco maior não está em tentar e falhar, mas em permanecer estagnado quando se tem potencial para ir além. E foi com essa convicção que, mais uma vez, ativei minhas forças de coragem e resolvi dar o meu "salto de fé".

Em resumo, aos 35 anos, decidi renunciar à minha "gaiola de ouro", minha prisão disfarçada de regalias, bônus e benefícios da indústria farmacêutica, para ir em direção à minha autonomia.

Como primeiro passo, passei a assessorar uma empresa de consultoria de pequeno porte, mas com grande potencial, que já prestava suporte em algumas demandas pontuais da empresa onde eu trabalhava. Essa empresa já havia demonstrado interesse em me incluir na equipe técnica, mas, até então, essa possibilidade parecia distante, pois eu ainda acreditava fortemente na ascensão da minha carreira celetista.

O segundo passo seria ainda mais decisivo: entender como poderia adquirir uma participação naquele negócio e, assim, romper de vez com o regime celetista para construir meu próprio caminho.

Embora já estivesse em operação, a empresa não tinha indicadores claros que facilitassem a definição de um valor justo para a compra da participação. Assim como a maioria das pequenas empresas, ainda estava distante de ter uma base de governança estruturada que permitisse um processo mais preciso de valuation.

Diante desse cenário, junto ao sócio responsável, realizamos uma simulação de valuation, utilizando como base o histórico de faturamento e as projeções de proventos futuros. Trouxemos esses valores a preço presente e estruturamos uma estratégia de aquisição da minha participação, que, embora inicialmente minoritária, era relevante e vinculada a diversos eventos futuros de liquidez.

Nesse processo, verbalizei de modo muito claro a minha condição para ingressar no negócio, vendendo as vantagens do meu capital intelectual, imagem e reputação.

Eu lembro como se fosse ontem: esse encontro com meu antigo sócio aconteceu em uma padaria próxima ao meu bairro, onde marcamos um café, e lá apresentei, quase que simbolicamente, um rascunho escrito à mão, em um caderno, com minha intenção de opção de compra das cotas da companhia. Foi engraçado, informal, mas absolutamente intencional e profissional.

Naquele momento, meus argumentos iniciais estavam pautados em dados concretos: apresentei minha remuneração anual projetada, considerando salário mensal, bônus, benefícios e outras variáveis. O objetivo era claro: demonstrar que, da forma tradicional, a empresa não teria condições de me remunerar competitivamente.

Com base nisso, desenhei um modelo de remuneração híbrido, que incluía participação futura na companhia. Era mais arriscado e menos confortável que o caso do Diego, por exemplo, mas fazia sentido diante do valor que eu acreditava ser capaz de gerar.

Foi o primeiro passo de uma negociação pautada por confiança, estratégia e coragem para propor o que ainda não existia, mas que, para mim, fazia todo o sentido. Na época, eu ainda não conhecia o conceito formal, mas o que fiz ali foi, na prática, o meu primeiro pitch de venda, ou melhor, um verdadeiro *road show*.

Apresentei, de modo estruturado, como a minha experiência poderia acelerar o crescimento estratégico daquele negócio. Mesmo sem uma negociação formal em curso, deixei claro o valor que minha atuação poderia gerar. Verbalizei as frentes em que eu agregaria resultados concretos e, com base em projeções e dados reais, mostrei o potencial de crescimento que poderíamos alcançar juntos nos dois anos seguintes. Foi ali que percebi: saber demonstrar valor é uma das habilidades mais subestimadas e mais determinantes para quem deseja construir uma carreira com autonomia e retorno proporcional ao seu impacto.

Esse movimento, que começou como uma conversa informal, acabou se consolidando como o meu primeiro *deal*: a primeira negociação concreta que me colocou oficialmente no jogo do empreendedorismo. *Deal* e *Non Deal Road Show* são termos corriqueiros no vocabulário de profissionais que atuam no universo de M&A, em que a venda de empresas é tratada com método, projeção de valor e estratégia de convencimento. Sem saber, eu já estava aplicando essa lógica à minha própria carreira.

O mais interessante é que tudo isso começou com uma ideia ousada, mas ancorada em preparo, estratégia e consciência de valor. Foi, sem dúvida, o meu primeiro exercício real de ousadia calculada – o segundo O em nosso V.O.O. –, aquele tipo de movimento que exige coragem, mas é sustentado por fundamentos sólidos e visão de longo prazo.

Assessorada pelo meu marido e pelo meu irmão – que, ao longo dos anos, se tornou um dos melhores advogados que já conheci –, firmamos os acordos contratuais e, a partir de então, passei a atuar como sócia responsável pela área técnica e operacional do negócio.

Para estruturar minha entrada na sociedade de maneira sustentável, definimos um modelo de remuneração estratégico. Em vez de receber um salário fixo, minha compensação financeira seria atrelada à gestão dos projetos que eu liderasse. Estabelecemos que 10% dos valores gerados pelos projetos sob minha responsabilidade seriam pagos diretamente a mim, garantindo um fluxo de caixa mínimo.

Os outros 90% permaneceriam acumulados para futura conversão em cotas societárias, permitindo que minha participação na empresa crescesse progressivamente ao longo do tempo. Essa estratégia não apenas alinhava meus interesses ao crescimento do negócio, mas também me incentivava a contribuir ativamente para o seu sucesso, garantindo que minha evolução na empresa estivesse diretamente conectada aos resultados que eu ajudasse a gerar.

Foi um acordo inteligente e estruturado, que me permitiu entrar para o mundo do empreendedorismo sem renunciar à segurança financeira necessária para uma transição consciente. Esse momento foi um divisor de águas. Se antes eu enxergava o empreendedorismo como um caminho distante e arriscado, agora ele se tornava uma realidade palpável. Pela primeira vez, eu me via construindo algo meu, aplicando meu capital intelectual de maneira estratégica e tomando as rédeas do meu próprio futuro.

Ainda tinha muito a aprender, mas uma coisa era certa: eu havia dado o primeiro passo. E, como sempre ouvi, o primeiro passo é o mais difícil; depois dele, o caminho começa a se revelar.

“O risco maior não está em tentar e falhar, mas em permanecer estagnado quando se tem potencial para ir além.”

**CARREIRA COM VALUATION**

@mirellafrancomelo

# 8.

# OUSADIA CALCULADA

*O maior ativo de um profissional é o capital intelectual acumulado ao longo da vida.*

Chegamos à etapa em que o avião se prepara para a decolagem – e, aqui, o avião é a sua carreira, o seu negócio. É o momento em que aquilo que antes existia apenas no plano, na ideia, na intenção, no papel, começa de fato a integrar a realidade.

Depois de ajustar os instrumentos, mapear o destino e revisar todas as coordenadas, é hora de sair da pista e colocar a mente em movimento. Não mais apenas planejando: agora, executando com intenção, clareza e direção. Ou seja, você precisa da ousadia para agir, porém deve calcular seus passos para ter a segurança necessária.

Talvez, antes deste livro, você nunca tivesse parado para pensar dessa forma, mas o que profissionais que vendem empresas fazem não é tão diferente do que deveríamos fazer com a nossa própria carreira, concorda? Eles analisam ativos, constroem projeções, avaliam riscos e, principalmente, sabem contar a história do negócio de modo estratégico, para mostrar valor e gerar interesse no mercado certo. Uma empresa não se mantém sem ousadia calculada – e sua carreira também não.

Essas ações, o valuation de que tanto falamos aqui, não precisam ser complicadas – e é isso que Aswath Damodaran defende, como vimos. O objetivo dele, inclusive, sempre foi tornar a avaliação de valor acessível também a profissionais não financeiros. Para esse especialista, mais importante do que fórmulas sofisticadas é a capacidade de compreender profundamente o negócio, projetar seu potencial com realismo e coerência e contar essa história de maneira clara, honesta e convincente.

Damodaran reforça que o valuation é, antes de tudo, uma narrativa com números. E que todo bom processo de avaliação começa por uma tese bem fundamentada: quais são os diferenciais competitivos, onde estão os riscos e qual é a lógica que sustenta a expectativa de retorno. Não basta saber *quanto* vale, é preciso saber *por que* vale, *para quem* e *com base em quais premissas*. É esse tipo de clareza que transforma projeções em decisões.

E é exatamente este o ponto: quando você entende de verdade como se avalia um negócio, ganha repertório para aplicar a mesma lógica à sua trajetória. Afinal, sua carreira também carrega ativos, histórico de resultados, riscos e projeções. Ela não só pode, como deve ser apresentada ao mercado com estratégia, consistência e propósito.

Em resumo, o processo de venda de uma empresa, o M&A de que falamos antes, segue uma lógica estruturada e altamente estratégica. E, quando olhamos com atenção, percebemos que essas mesmas etapas também podem se aplicar à construção de uma carreira com posicionamento e valor de mercado.

## PASSOS DA OUSADIA CALCULADA

### 1. MAPEAMENTO E PROSPECÇÃO

- É a fase de observação e inteligência de mercado. A empresa identifica potenciais compradores ou parceiros estratégicos e estuda onde há maior aderência entre sua proposta de valor e o apetite do mercado.
- Na carreira, isso equivale a mapear empresas, setores ou projetos que estão em crescimento ou transformação e que poderiam se beneficiar da sua expertise, assim como exercitamos no capítulo anterior.

### 2. TESE DE VALOR

- Aqui, a empresa constrói sua narrativa estratégica: por que ela vale o que vale, quais são seus diferenciais competitivos, o que a torna única e qual é seu potencial de crescimento.
- Na carreira, essa é a construção da sua tese pessoal de valor, que também desenvolvemos ao respondermos todas as questões listadas na etapa de desenvolvimento da visão estratégica e definição do produto que há em você.

## 3. *DUE DILIGENCE*

- É a auditoria detalhada: análise de contratos, finanças, riscos e estrutura. O objetivo é verificar se o que foi apresentado na tese de valor realmente se sustenta.
- Na vida profissional, esse é o momento em que suas entregas são confrontadas com evidências. Não basta dizer que você é estratégico: é preciso mostrar. Resultados comprováveis, dados, *cases*, recomendações e aprendizados fazem parte da sua "auditoria". Aqui também entram a sua reputação e a sua capacidade ativa de entregar resultado.

## 4. ANÁLISE DE SINERGIAS

- Nem toda proposta avança. Essa etapa avalia se a junção das partes gera mais valor do que se estivessem separadas. O foco está no encaixe: visão, cultura, complementaridade e impacto conjunto.
- Na carreira, sinergia é quando o seu know-how se conecta com os desafios estratégicos da empresa. É quando você entende que não serve para qualquer vaga e começa a avaliar com inteligência onde há espaço real para você crescer e gerar valor.

## 5. NEGOCIAÇÃO COM GOVERNANÇA

- Se a tese é sólida e a sinergia faz sentido, começa a negociação: escopo, remuneração, indicadores, responsabilidades, riscos e garantias. Tudo precisa estar claro, documentado e alinhado às expectativas de ambas as partes.
- Na carreira, é aqui que você propõe, com maturidade, como quer entrar ou permanecer em determinado negócio. Pode envolver remuneração fixa, variável, participação em resultados, planos de crescimento, escopo claro e métricas de performance. É onde você deixa de ser passivo e começa a se comportar como um ativo estratégico.
- É também nessa fase que acontecem os pitches de valor e os *road shows*, momentos em que a empresa, ou o profissional, apresenta seu potencial de modo estruturado para possíveis parceiros, investidores ou decisores. Na carreira, isso significa verbalizar com clareza sua tese, articular sua trajetória com intencionalidade e conduzir conversas estratégicas com quem realmente pode viabilizar o próximo passo.

“Não basta saber quanto vale, é preciso saber por que vale, para quem e com base em quais premissas. É esse tipo de clareza que transforma projeções em decisões.”

**CARREIRA COM VALUATION**

@mirellafrancomelo

## 6. FECHAMENTO DO *DEAL*

- Com tudo validado e acordado, o negócio é fechado. Começam a integração e o ciclo de geração de valor real.
- Na sua jornada, essa é a hora da decisão: aceitar uma proposta, assumir um novo desafio, consolidar uma sociedade ou redesenhar seu papel atual. É o ponto de virada em que estratégia se torna execução, e reputação se transforma em entrega.

***

Nos capítulos anteriores, já percorremos juntos as quatro primeiras etapas desse processo. Você mapeou o mercado, fortaleceu sua tese de valor, estruturou sua narrativa com dados concretos e identificou onde sua atuação pode, de fato, gerar impacto real.

Agora, para facilitar a aplicação prática dos conceitos apresentados neste capítulo, vamos dividir a aplicação da ousadia calculada em três etapas fundamentais: governança, negociação e fechamento do *deal*.

# GOVERNANÇA

Quando ouvimos falar em governança, é comum associar o termo a grandes corporações, estruturas rígidas ou processos regulatórios distantes da realidade convencional. Mas, na essência, governança é algo muito mais próximo. Trata-se do comportamento de quem escolhe crescer com responsabilidade, visão e propósito; é um dos pilares, ou até mesmo o eixo central, de qualquer negócio.

A governança consiste em como organizamos informações, tomamos decisões, gerimos riscos e sustentamos o que estamos construindo, seja um negócio, seja uma carreira. E, como toda construção sólida, a governança não começa pelo complexo, mas sim pelo básico bem-feito.

Em qualquer organização, o que sustenta a tomada de decisão de qualidade não são fóruns sofisticados, mas a estruturação do que parece simples: contratos claros, registros financeiros atualizados, indicadores confiáveis, processos bem-documentados. Assim como explanei no meu caso – por mais simples que tenha sido o formato da negociação sobre a minha intenção de entrar como sócia do negócio de que eu estaria à frente –, visto que tudo ocorreu com base em dados, lógica, consistência e contratos.

A esta altura, acredito que você já tenha percebido minha preocupação em tornar este conteúdo leve e aplicável. A intenção aqui não é transformar o tema em uma aula técnica sobre governança corporativa. Muito pelo contrário. Meu objetivo é desmistificar um cenário que ainda causa desconforto, medo ou confusão em muitos profissionais e empresários e mostrar que, na prática, a governança pode ser justamente a chave para atravessar com segurança as transições mais importantes da sua trajetória.

Você não precisa ser especialista em governança corporativa para gerir um negócio ou a sua própria trajetória. Mas precisa, definitivamente, entender o valor que esse conceito carrega e praticá-lo com disciplina.

Contar com as pessoas certas é essencial. No entanto, o principal comportamento esperado de qualquer profissional de valor é a consciência sobre a importância da governança: ela não é um luxo, é um pré-requisito para o sucesso sustentável de qualquer negócio ou carreira. E isso vale independentemente do lado em que você joga: seja no empreendedorismo ou no mundo corporativo, compreender e praticar a governança é indispensável. Sem dados claros, toda decisão é um "tiro no escuro". Sem estrutura mínima, o crescimento acontece às cegas – até que um problema, cedo ou tarde, revele o que ficou negligenciado.

Essa consciência se ampliou ainda mais quando comecei a empreender. Foi liderando minha própria empresa que compreendi de maneira ainda mais clara como a implementação consistente da governança – começando pelos dados financeiros mais básicos e evoluindo para informações mais estratégicas – era essencial para construir um crescimento sustentável e, sobretudo, vendável e valioso.

Organizar registros de contratos, controlar entradas e saídas financeiras, definir papéis claros, acompanhar indicadores e revisar rotinas operacionais foram práticas que permitiram que o negócio crescesse de modo consistente, sem perder a agilidade.

Empresas que deixam a governança de lado podem até crescer rápido, mas carregam junto riscos invisíveis: descontrole financeiro, conflitos internos, decisões desalinhadas e dificuldade de se adaptar às mudanças do mercado.

É um crescimento que parece sólido no começo, mas que, sem uma base bem-estruturada, acaba desmoronando com o tempo.

Por outro lado, companhias que adotam uma governança adequada são capazes de projetar o futuro, corrigir rotas em tempo hábil e, acima de tudo, tomar decisões fundamentadas em uma visão realista e qualificada do seu próprio desenvolvimento.

Aqui, vale reforçar um ponto crucial: embora nem todas as empresas vendidas tenham um processo estruturado de governança, a venda tende a ser muito mais rápida, segura e valorizada quando ele existe. O mesmo princípio se aplica à construção de uma carreira de valor. Não dá para negociar com autoridade, muito menos sustentar um crescimento consistente, sem clareza sobre seus próprios números, métricas, entregas e riscos. Afinal, o que não se mede não se gerencia com precisão. Se a governança é a espinha dorsal de qualquer negócio atrativo, também é o que torna uma trajetória profissional mais estratégica e pronta para ser colocada em jogo com confiança e consistência.

Então, analisando-se a governança sob a perspectiva da ousadia calculada, é preciso reforçar que esse conceito não tem nada de impulsivo. Trata-se de avançar com coragem, mas com estrutura. De agir com consciência, clareza e preparo. Em linhas gerais, significa se mover com segurança – e o principal instrumento da ousadia calculada é a negociação com governança.

## NEGOCIAÇÃO E FECHAMENTO DO *DEAL*

Negociar com governança é diferente de simplesmente "aceitar uma proposta". É o momento em que você deixa de apenas reagir às oportunidades e passa a propor, com maturidade, os termos da sua entrada ou permanência em determinado negócio.

É aqui que você estrutura: um escopo claro; um modelo de remuneração; indicadores de sucesso; expectativas mútuas; riscos e garantias. Tudo documentado, acordado e conduzido com responsabilidade.

Em linhas gerais, assim como citei no meu próprio exemplo de manobra de venda, a "matemática" é simples: você precisa deixar claro **quem será impactado** (o público e a área), apresentar **resultados ou projeções mensuráveis**, com base na sua expertise, nos seus diferenciais e em seus *track* *records* acumulados, e ainda contar com uma **boa oratória de negociação**, ou seja, um estilo de abordagem que reforce sua autenticidade e confiança.

A principal entrega dessa etapa é a execução do seu pitch de valor – o *road show* da sua carreira. É quando você apresenta, com clareza, estratégia e segurança, o "negócio" que idealizou para si. E o ponto principal dessa apresentação não é vender uma ideia abstrata, mas sim demonstrar, com consistência, como sua presença pode gerar resultados concretos, principalmente em termos de projeções futuras.

Assim como nos processos de valuation no mercado financeiro, não é apenas o passado que importa, embora ele tenha um peso essencial – afinal, mapear seus *track records*, conquistas e entregas anteriores é o que dá credibilidade à narrativa. O que realmente movimenta decisões é a sua capacidade de mostrar ao "investidor" – seja uma empresa, sócio, parceiro ou cliente – o potencial de crescimento, os riscos mapeados e o plano estratégico para gerar valor nos próximos ciclos. É essa visão de futuro, ancorada em uma trajetória sólida, que transforma sua carreira em um ativo desejado, com perspectiva real de valorização.

Trazendo tudo isso para a realidade de maneira simples e prática, podemos revisitar os exemplos da Mariana, do Diego e do Ricardo e identificar nitidamente todos esses aspectos em ação. Cada um deles, à sua maneira, executou seu pitch de valor com estratégia, verbalizou suas intenções com segurança e apresentou projeções futuras realistas e sustentadas por entregas anteriores. Todos tinham um plano estruturado, riscos mapeados e um modelo de proposta alinhado à lógica de um verdadeiro *road show* profissional.

E o mais importante: em todos os casos, houve governança na forma como negociaram, documentaram e sustentaram suas decisões. É exatamente isso que transforma um movimento de carreira em uma decisão estratégica. E é isso que torna o profissional não apenas apto a ocupar uma posição, mas também desejado como parte do crescimento de quem aposta nele.

No caso da Mariana, o movimento começou com um diagnóstico estratégico da própria carreira. Ela identificou seu valor de mercado, fortaleceu sua presença em canais relevantes e, antes mesmo de sair da empresa, estruturou uma nova proposta de atuação – com mais escopo, autonomia e perspectiva de crescimento. Sua decisão ousada e calculada foi permanecer na empresa, mas em novos termos. Mariana verbalizou suas intenções com clareza, apresentou uma proposta estruturada e condicionou sua permanência à ampliação de responsabilidades e reconhecimento proporcional. A governança esteve presente na forma como conduziu a negociação: com dados, clareza de escopo e alinhamento mútuo de expectativas.

Já o Diego, que negociou *equity* em uma startup, só conseguiu validar sua proposta porque tratou a negociação como um *case* de negócio. Trouxe projeções realistas, elaborou metas claras, aceitou uma remuneração híbrida no curto prazo e conectou sua participação nos resultados às métricas de impacto, como o crescimento de faturamento, a ampliação de carteira de clientes e os ganhos reputacionais. Sua decisão ousada foi abrir mão de parte da remuneração fixa em troca de participação futura, atrelada a entregas concretas. Ele tinha um plano B estruturado e formalizou o acordo por meio de um contrato de opção de compra de cotas, com cláusulas de *vesting* e indicadores de performance. A governança esteve presente tanto no modelo financeiro quanto no alinhamento jurídico e estratégico do *deal*.

E no caso do Ricardo, que decidiu empreender, a governança pode ser percebida desde o início, mesmo sendo uma operação solo. Sua decisão ousada foi sair do mercado corporativo e criar um negócio próprio, com base em sua experiência técnica e no conhecimento de mercado. Mas ele não fez isso no impulso. Com ousadia calculada, ele orçou seu capital de contingência, estruturou escopos, modelos de entrega, pacotes comerciais e um plano financeiro claro para os primeiros anos. Documentou processos, estabeleceu indicadores e criou um fluxo de gestão – o que, na prática, foi seu modelo de governança interna. Cada novo contrato com clientes foi fechado com termos bem-definidos, cronogramas, entregas e indicadores-chave de desempenho (*Key Performance Indicators* – KPIs). Ricardo também tinha um plano B: poderia retornar ao mercado executivo, se necessário, mas sua estrutura lhe permitiu sustentar o crescimento.

Esses três exemplos mostram que negociar com governança não exige um cargo de alto escalão nem um projeto milionário, mas sim consciência do próprio valor, clareza sobre o impacto gerado, visão de longo prazo e disposição para tratar sua carreira com a seriedade que ela merece.

Sim, eu sei: não é comum um profissional bater à porta de uma empresa propondo geração de valor em troca de participação societária. Essa é uma estratégia tradicionalmente usada pelas empresas como ferramenta de retenção de talentos estratégicos. Mas, para que esse tipo de proposta no sentido inverso também se torne viável, mais do que boas ideias, é necessário apresentar um plano bem fundamentado. O caminho é mostrar, com dados e estrutura, como sua presença pode gerar ganhos reais – financeiros, operacionais e reputacionais.

Crie métricas que evidenciem o potencial de crescimento da carteira de clientes, da eficiência interna, do posicionamento institucional e da maturidade em governança e compliance. Apresente entregas anteriores, indicadores de impacto e reputação de mercado. Inclusive, se fizer sentido, atrelar parte da sua remuneração a metas específicas pode ser um diferencial estratégico – sinalizando confiança, visão de longo prazo e compromisso com os resultados que você está disposto a gerar.

Assim, com esses exemplos, aprendemos que negociar com governança é muito mais do que aceitar ou recusar uma proposta. É saber conduzir, com clareza e estrutura, o seu próprio *road show*, apresentando sua trajetória como um ativo estratégico, com histórico de entregas, projeções de valor futuro e riscos mapeados.

Além disso, vimos que a ousadia, quando bem-calculada, não significa agir no impulso, mas com base em dados, consciência de impacto e visão de longo prazo; que governança não é um conceito reservado a grandes empresas, e sim algo presente nas decisões cotidianas de quem escolhe crescer com responsabilidade, na forma de documentar acordos, alinhar expectativas, estabelecer indicadores e conduzir negociações com maturidade; e que profissionais que se destacam não são necessariamente os que têm mais títulos ou tempo de mercado, mas os que sabem comunicar, com segurança, o valor que podem gerar, que têm uma história bem-contada, resultados comprovados, visão clara de aonde querem chegar e um plano para sustentar esse caminho.

Esses são os elementos que diferenciam quem apenas ocupa um cargo e quem constrói uma trajetória com valor real, potencial de valorização e espaço legítimo de influência.

## GOVERNANÇA COMO PILAR DA MINHA JORNADA

Passei alguns meses me adaptando à nova realidade. Depois de anos imersa no ambiente corporativo-fabril, era como se estivesse começando do zero – e, de certa forma, estava. Tudo era novo: a rotina, as pessoas, a cultura, os desafios. Era uma fase completamente diferente, repleta de novas cores, cheiros e, acima de tudo, um mar de possibilidades a explorar.

Entrei nesse negócio com a expectativa de contribuir tecnicamente, aplicando todo o meu conhecimento para assumir e executar projetos semelhantes aos que já desenvolvia na indústria farmacêutica, a partir de então entregues diretamente para os clientes. E, de fato, isso aconteceu. Mas, para minha feliz surpresa, descobri algo ainda maior: uma verdadeira paixão por impulsionar carreiras.

Sem saber o que o futuro me reservava e muito antes da decisão de escrever este livro e criar a metodologia de valorização de profissionais, já enxergava inúmeras oportunidades de desenvolvimento impostas pelo ecossistema industrial. À medida que a empresa crescia, expandimos nossa atuação para a gestão de mão de obra especializada, e foi aí que percebi a oportunidade de unir minha capacidade técnica com a de direcionar profissionais estrategicamente. Passei a quebrar paradigmas comuns na área de recursos humanos, que muitas vezes limita movimentações profissionais entre setores, por julgar que a experiência prévia deve ser um requisito absoluto.

Com os projetos que absorvíamos, conseguíamos identificar talentos com grande potencial e ajudá-los a fazer transições estratégicas de carreira, muitas vezes migrando de áreas ou adquirindo novas competências sob nossa orientação. Esse modelo não só trouxe um crescimento exponencial para a empresa – tanto financeiramente quanto em relevância no mercado –, como gerou um impacto imensurável na trajetória dos profissionais que passaram por nós.

A cada dia, a sensação de liberdade corria nas minhas veias e me impulsionava a buscar novos desafios. O que começou como um movimento estratégico para aplicar meu conhecimento técnico rapidamente se transformou em algo muito maior: um negócio que mudava vidas, conectava talentos a oportunidades e criava valor muito além dos números.

Minha obsessão por compliance e governança sempre foi um diferencial na minha carreira, e o fato de meu marido compartilhar dessa mesma visão nos ajudou ainda mais nesse novo desafio. Na época, ele já atuava como sócio-investidor e conselheiro de seis outras empresas, e sua experiência em gestão estratégica, governança e compliance foi fundamental para fortalecer a estrutura do nosso negócio.

Antes mesmo de contar com esse suporte externo, decidimos que era hora de organizar a casa. Ainda que fôssemos uma empresa pequena, implementamos toda a cultura e os conceitos de governança corporativa, garantindo que tivéssemos uma visão clara e estratégica do negócio – como um verdadeiro painel de controle, com todos os indicadores essenciais facilmente acessíveis e monitoráveis.

Começamos do básico, organizando a estrutura contábil e financeira: categorizamos as naturezas contábeis, estruturamos centros de custo, definimos prazos de vencimento e estabelecemos uma relação clara entre a competência dos pagamentos e o fluxo gerencial. Paralelamente, criamos unidades de negócio independentes para classificar de modo correto os custos dos projetos, assegurando um registro mais detalhado e estratégico da rentabilidade de cada frente de atuação.

Além disso, dentro dessas unidades de negócio, estabelecemos um sistema de custos individualizados por projeto, vinculando todas as despesas e investimentos de maneira precisa. Com essa iniciativa, passamos a entender com clareza o que realmente era lucro operacional, o que era fluxo de caixa, o que era resultado real e o que não era, garantindo um modelo de governança sólido e seguro para o crescimento sustentável da empresa.

Uma vez implementada essa estrutura inicial, contratamos uma empresa especializada em serviços de governança empresarial, que entrou como um suporte para ajudar a aprimorar ainda mais nossos processos. Adotamos um modelo de gestão compartilhada, alinhado às melhores práticas do mercado, e fortalecemos os pilares da governança para garantir que nosso crescimento fosse sustentável e escalável.

O impacto foi imediato. Mudamos para um endereço mais nobre, com maior capacidade operacional, ampliamos nossa equipe de vinte para duzentos funcionários e aumentamos significativamente nosso lucro operacional. Em dois anos, tornei-me sócia efetiva de 50% do capital social do negócio. Além disso, passei a receber dividendos mensais que superavam (e muito) o salário executivo que eu almejava na indústria antes da minha transição.

Foi nesse momento que compreendi, na prática, o verdadeiro poder da governança e da visão estratégica. Não se tratava apenas de estruturar processos, mas de criar valor real, sustentando o crescimento da empresa e, ao mesmo tempo, transformando minha trajetória profissional definitivamente. Meu capital intelectual, que antes era visto apenas como um ativo no mundo corporativo, revelava-se em um modelo de negócio consistente, lucrativo e escalável. Aquela decisão que, no início, parecia um salto no escuro, se provava, dia após dia, a melhor escolha que eu poderia ter feito.

Quando a empresa atingiu massa crítica, realizamos um replanejamento estratégico e adotamos um plano de governança corporativa. Implementamos um regime tributário mais eficiente, investimos em um sistema de gestão empresarial (Enterprise Resource Planning – ERP), que integra e automatiza as principais áreas da empresa, como finanças, operações, estoque, compras e recursos humanos, promovendo maior controle e eficiência. Também passamos a contar com uma contabilidade alinhada às exigências de auditorias fiscais, incluindo auditorias internacionais.

O objetivo principal era preparar a empresa para negociações estruturadas com bancos, futuras fusões ou até mesmo uma eventual venda, garantindo total transparência e solidez financeira.

Com o tempo, percebi que as maiores tragédias empresariais não estão necessariamente ligadas à falta de crescimento, mas sim ao crescimento desordenado e sem estrutura. Por isso, adotar uma visão crítica baseada em governança tornou-se essencial para antecipar desafios e fortalecer futuras negociações estratégicas.

Após o replanejamento, a empresa passou a ser auditada semestralmente por uma das cinco maiores auditorias do mundo. Além disso, estabelecemos reuniões mensais de acompanhamento e reuniões trimestrais de conselho, consolidando um modelo de governança que se tornou referência para empresas de pequeno porte. Nosso compromisso com a transparência e a estruturação foi amplamente reconhecido e elogiado por parceiros financeiros, associados e, sobretudo, pelos nossos clientes, que enxergaram em nós a solidez e a segurança que o mercado exige.

Esse processo me ensinou que governança corporativa não é um luxo reservado apenas para grandes corporações – ela é um pilar essencial para qualquer empresa que deseja crescer de maneira estruturada e sustentável. Negócios que ignoram a governança podem até expandir no curto prazo, mas, sem processos bem-definidos, controles eficientes e uma cultura de transparência, correm o risco de colapsar diante de desafios estratégicos ou oportunidades de mercado.

A governança não apenas trouxe solidez à empresa, mas também abriu portas para novas possibilidades: facilitou o acesso a crédito, atraiu parceiros estratégicos e fortaleceu nossa reputação no mercado. Mais do que um conjunto de regras, ela se tornou nossa bússola para decisões estratégicas, permitindo que o crescimento ocorresse com previsibilidade e segurança.

Independentemente do porte, toda empresa que busca longevidade precisa enxergar a governança como um diferencial competitivo. Afinal, crescer desordenadamente pode ser mais perigoso do que não crescer. E se há algo que aprendi ao longo dessa jornada, é que negócios bem-estruturados não apenas sobrevivem às crises – eles se tornam mais fortes a cada desafio superado.

## TURBULÊNCIAS E AJUSTE DE ROTA: COMO O CAOS ME LEVOU À CLAREZA

A construção de um negócio sólido exige planejamento, governança e disciplina, mas, acima de tudo, resiliência para enfrentar os desafios inesperados que a vida impõe, aqueles que surgem sem pedir permissão e colocam à prova todas as nossas forças. No meio dessa jornada intensa de reestruturação e crescimento da empresa, enfrentei algumas das maiores turbulências da minha vida pessoal.

Foi justamente nessa fase que me tornei mãe e trouxe ao mundo um lindo menino.

A empresa estava em plena fase de crescimento, exigindo de mim decisões estratégicas diárias, reuniões críticas e um nível de comprometimento que não poderia ser reduzido. Houve momentos em que o cansaço parecia insustentável, mas em nenhum instante hesitei em dar o meu melhor. Afinal, o propósito por trás daquele negócio era maior do que qualquer desafio

“Crescer desordenadamente pode ser mais perigoso do que não crescer.”

CARREIRA COM VALUATION
@mirellafrancomelo

momentâneo. Eu havia me comprometido a construir algo com impacto positivo real, e abdicar desse compromisso nunca foi uma opção.

Esse capítulo da minha vida me ensinou que a verdadeira força está não apenas na capacidade de planejar e executar, mas também na habilidade de se reconstruir em meio às adversidades. Porque, no fim das contas, o que nos sustenta é a capacidade de encontrar forças onde achamos que já não existem.

Após quase cinco anos de intenso trabalho e maturação do negócio, começamos a enfrentar os desafios da "dor do crescimento". Chegamos a um ponto crítico: decidir se iríamos competir com grandes *players* do mercado ou permanecer na "arrebentação", onde a falta de crescimento traz desafios ainda maiores, já que muitas vezes se concorre com empresas aventureiras e pouco comprometidas com a seriedade do setor.

Para traçarmos a melhor estratégia, realizamos uma avaliação prévia das expectativas de mercado, buscando entender quão vendável a empresa seria e qual seria nossa real capacidade de atrair um potencial investidor no futuro. Recebemos alguns sinais positivos de interesse, mas também enfrentamos diversas negativas – a maioria delas associadas ao nosso porte. Apesar do crescimento contínuo, ainda éramos considerados pequenos para determinadas oportunidades.

Essas respostas nos deram a clareza necessária para definir o próximo passo. Se queríamos levar a empresa a um novo patamar, precisávamos fortalecer nossa estrutura, ampliar nossa presença no mercado e, acima de tudo, consolidar uma governança que nos tornasse um ativo estratégico e atrativo para futuros investidores.

No entanto, à medida que o negócio crescia, os desafios também se intensificavam – e não apenas no aspecto operacional. As turbulências que enfrentei na vida pessoal, somadas às pressões naturais do crescimento acelerado da empresa, começaram a gerar um cenário de desgaste e desalinhamento entre os sócios. Diferenças de perfil e visões estratégicas divergentes passaram a impactar os passos futuros do negócio, tornando os conflitos cada vez mais difíceis de administrar.

Com o tempo, ficou claro que a sociedade já não caminhava na mesma direção. Diante desse cenário, optamos por acelerar a operação de venda e seguir caminhos separados, garantindo que a empresa pudesse continuar sua trajetória com a solidez necessária para o futuro.

Durante o período de definição de compra e venda da empresa, resgatei minhas anotações sobre as métricas financeiras que deveriam guiar minhas decisões. Fiz uma comparação entre as projeções de caixa da minha carreira celetista no passado e a simulação financeira do meu percentual de cotas em caso de venda da empresa. No entanto, essa revisão não poderia se limitar apenas ao valor da venda; era essencial considerar também os dividendos e as remunerações que eu havia recebido ao longo dos cinco anos de negócio, os quais já haviam me levado a um novo patamar financeiro.

Foi nesse momento que compreendi, nitidamente, quão errada eu estava ao acreditar, anos atrás, que o modelo tradicional de trabalho era o único caminho seguro a seguir. Se eu tivesse permanecido na trajetória corporativa convencional, seriam necessárias "sete ou oito vidas", no sentido metafórico, para alcançar a mesma liquidez financeira que meu negócio havia me proporcionado aos 39 anos.

Essa constatação foi um divisor de águas. Todo o esforço, todas as turbulências e os desafios enfrentados ao longo da jornada haviam valido a pena – o risco, a ousadia e a resiliência me levaram a um patamar que antes parecia inalcançável.

Ponderei cada obstáculo superado, cada sacrifício feito e, com a clareza dos números e o pragmatismo da métrica financeira, enfim tomei minha decisão: vender minha participação no negócio e iniciar um novo capítulo na minha vida.

Não era apenas uma transação comercial. Era o encerramento de um ciclo que me transformou como profissional e como pessoa. Eu não estava apenas vendendo uma empresa, mas abrindo espaço para novas possibilidades, novos desafios e, sobretudo, para a construção de algo ainda maior. O que essa jornada me proporcionou foi muito mais do que independência financeira – ela me deu um repertório extremamente valioso, que me permite, a partir de agora, tomar qualquer decisão na minha vida com liberdade, confiança e total clareza sobre o caminho que desejo seguir.

E é isso que quero para você também: desejo que você conheça sua jornada a ponto de poder definir o próximo passo sempre com a confiança de que será a melhor decisão possível. Contudo, para podermos concretizar esse aprendizado e concluir seu Plano de Voo, falta um fator essencial: a operação consistente, que abordaremos no próximo capítulo.

“A verdadeira força está não apenas na capacidade de planejar e executar, mas também na habilidade de se reconstruir em meio às adversidades.”

**CARREIRA COM VALUATION**
@mirellafrancomelo

# 9.

# OPERAÇÃO CONSISTENTE

Espero que, neste momento da leitura, você já tenha deixado a pista para trás, vencido a decolagem e alcançado o nível de cruzeiro, ainda que mentalmente – em outras palavras, que já esteja ao menos cheio de planos, naquele ponto em que o avião estabiliza, ganha altitude e inicia sua rota com consistência. Já demos os dois primeiros passos para o Plano de Voo da sua trajetória profissional, passando pela **visão estratégica** e pela **ousadia calculada**. Agora, é hora da **operação consistente**.

Começamos entendendo onde está seu verdadeiro valor e como o articular, avançando pelas etapas de avaliação e consolidação do seu "valor de mercado", estruturando uma proposta clara de valor e conduzindo negociações estratégicas com base em dados, posicionamento e propósito. Em seguida, vimos que sua carreira deve ser tratada como negócio próprio, tendo em vista o mercado, as competências, os diferenciais e as ambições que você tem.

Todos esses passos foram desenhados com o objetivo de concretizar o seu *deal*, seja ele o sucesso de uma transição, a ascensão a um novo cargo, uma manobra estratégica rumo ao empreendedorismo, entre outros desfechos de valor. Agora, entramos na fase que sustenta tudo isso no longo prazo: a **operação consistente**.

O plano é deixar de lado a visão apenas conceitual para aplicar, de fato, os princípios de governança, gestão de risco, disciplina e reputação. É nesse momento que o profissional deixa de apenas sonhar com o destino e passa a pilotar sua jornada com controle, consciência e precisão. Assim como em uma empresa, onde não basta uma boa ideia ou uma rodada de investimento para garantir crescimento sustentável, na carreira também é preciso implantar sistemas de acompanhamento, rotinas de revisão e métricas que permitam ajustes feitos com inteligência, e não com desespero.

Para tanto, é crucial ter em mente que governança bem-aplicada não elimina o risco – ela o torna monitorável. E consistência não tem nada a ver com zona de conforto.

O maior erro de boa parte dos profissionais é achar que, depois de conquistar um cargo ou chegar a determinado patamar, pode relaxar. Muitos confundem esse estágio com zona de conforto e não administram adequadamente aquela fase da vida e da carreira, caindo na monotonia ou, pior, em uma zona de risco que não se sustenta. É justamente aí que pode surgir aquela sensação de insatisfação profissional sobre a qual falamos tanto nos capítulos iniciais – e esse sentimento, definitivamente, não queremos mais por aqui. É essa fase que mais exige intencionalidade, cuidado e estratégia para fazer com que a conquista prospere ainda mais.

Neste ponto, vale resgatar o exercício de mapeamento de riscos que propus no início do livro. Trata-se de uma ferramenta viva, que precisa ser atualizada com frequência. Afinal, o verdadeiro poder da governança está em saber quais riscos estamos correndo e monitorá-los de modo contínuo. Se surgirem novos riscos, se a mitigação precisar ser aprimorada ou se algum sinal de alerta aparecer, esse mapeamento será o seu principal mapa de direção.

Operar com consistência é ter a disciplina para manter o foco, a lucidez para ajustar a rota e a maturidade para agir com firmeza mesmo diante da incerteza.

Essa etapa representa o seu painel de bordo: o espaço onde você acompanha, em tempo real, os dados que guiam seu crescimento. Você define e monitora os indicadores que traduzem sua performance, tanto no aspecto pessoal quanto no profissional, e cria mecanismos de autocorreção antes que a instabilidade vire crise.

Nos exemplos anteriores, vimos isso na prática.

Mariana, mesmo permanecendo na mesma empresa, adotou uma nova postura. Passou a acompanhar com consistência seus resultados, os desdobramentos do novo escopo de trabalho e os impactos gerados. Feedbacks, reconhecimento interno e convites para projetos estratégicos tornaram-se seus principais indicadores de performance, e ela criou uma rotina de acompanhamento para não perder de vista sua evolução real. Com base nesse novo olhar, começou a estruturar sua próxima manobra, que pode ser uma negociação com outra empresa, uma futura ascensão com participação societária ou até mesmo o movimento para o empreendedorismo. Sua operação consistente passou a orientar, com método, cada próximo passo.

Diego, ao atrelar sua remuneração futura a metas de crescimento, precisou montar um verdadeiro painel de bordo de indicadores. KPIs de faturamento, novos clientes, aumento de margem e ganhos reputacionais passaram a ser monitorados de perto. Sua operação consistente se traduziu em disciplina financeira, relatórios periódicos e gestão de entregas alinhadas ao contrato. Foi essa estrutura que sustentou sua valorização e o cumprimento das metas que destravaram sua participação societária. O próximo passo para Diego seria a consolidação de um negócio vendável, com estrutura sólida e governança preparada para atrair investidores ou parceiros estratégicos, criando condições reais para um evento de liquidez mais robusto no futuro e tornando sua atuação cada vez mais independente e rentável.

Ricardo, ao empreender, estruturou desde o início uma rotina de gestão com governança. Estabeleceu metas de faturamento, organizou contratos, sistematizou a entrega dos pacotes de serviços e definiu marcos de validação para expansão. Seus indicadores – como lucratividade, satisfação de clientes e previsibilidade de receita – tornaram-se guias para manter o negócio saudável e escalável. Mesmo atuando como operação solo, nunca desistiu de operar com estrutura e método. O próximo passo poderia ser a profissionalização e a consolidação de um negócio vendável, que permita a entrada de sócios, a formação de um time estratégico ou mesmo a preparação para um evento de liquidez. Pode ser expansão, um novo ciclo ou até mesmo um negócio longevo e sustentável que mantenha Ricardo ativo e valorizado no mercado.

Esses três casos mostram que operar com consistência não é um privilégio de grandes executivos ou empreendedores com estruturas complexas. É uma mentalidade acessível a qualquer profissional que escolhe conduzir sua trajetória com clareza, responsabilidade e visão de longo prazo.

A operação consistente é o que transforma intenção em tração e prepara você com cautela, estrutura e segurança para que o próximo passo seja, de

“O maior erro de boa parte dos profissionais é achar que, depois de conquistar um cargo ou chegar a determinado patamar, pode relaxar.”

**CARREIRA COM VALUATION**
@mirellafrancomelo

fato, um avanço sustentável. Um passo que aproxima você do nível seguinte, em vez de o lançar ao risco sem preparo. Porque quando visão, ousadia e operação consistente se integram, o profissional deixa de simplesmente executar e passa a construir, com intencionalidade, uma jornada sólida, escalável e preparada para crescer com coerência.

Quem começou como funcionário agora se sente pronto para empreender. Quem testava uma iniciativa paralela ganha força para liderar um negócio próprio. E quem atinge seu primeiro divisor de águas, seja financeiro, estratégico ou de impacto, percebe que o próximo passo não é mais condicionado ao mercado, mas à sua própria capacidade de evoluir continuamente.

Esse ciclo não se encerra. Ele se reinventa. Cada novo nível exige uma nova visão, uma nova ousadia e uma nova operação consistente. A cada novo nível, será demandada uma nova versão de você: mais consciente, mais estruturada, mais preparada.

E é por isso que reforço: o **Plano de Voo com governança não é uma fórmula pronta**, e sim uma filosofia de crescimento duradouro, construída com estratégia, coragem e direção. Afinal, o seu capital intelectual é um ativo vivo, em constante movimento, que só ganha valorização ao ser alimentado com aprendizado contínuo, disciplina nas escolhas, disposição para recomeçar e, principalmente, vontade real de vencer com propósito e consistência. Além disso, sua visão de futuro pode e deve ser remoldada à medida que você atinge novos patamares.

E se você chegou até aqui, é porque essa vontade já pulsa aí dentro. Ninguém avança tanto em uma leitura como esta por acaso. Existe, dentro de você, uma força silenciosa que o impulsiona a buscar mais: mais clareza, mais direção, mais liberdade. E eu digo com toda a convicção: você vai chegar lá. Pois quem caminha com intenção constrói destinos. Mas, antes de qualquer passo, guarde isto com firmeza: nunca duvide do valor que há em você. Esse valor é real e precisa ser reconhecido, perseguido e lapidado com coragem, até se transformar no ativo mais importante da sua vida.

A consciência disso deve ser o seu fio condutor a partir de agora. Continue, com consistência e presença, aplicando cada conceito, cada provocação, cada ferramenta. Os seus próximos passos têm tudo para ser lindos, e eu não tenho dúvidas de que você vai conquistar exatamente aquilo que desenhar.

Na pista de decolagem, o seu avião já está em movimento. Para voar, falta apenas um impulso, e agora você já tem todas as ferramentas para isso.

Eu passei vinte anos da minha carreira sem um Plano de Voo estruturado. Sem um mapa claro, sem um guia que me conduzisse de maneira mais apropriada e menos sofrida. Foi apenas depois de um longo processo de autoconhecimento e amadurecimento que pude compartilhar com você, ao longo destas páginas, o Plano de Voo que a vida vinha desenhando em silêncio.

Com garra, pragmatismo e aprendizado contínuo, encontrei a minha solução. Hoje, sou livre de um modelo corporativo que já não fazia mais sentido. Hoje, sou eu quem define minha carreira e meus próximos passos. A vida me deu a chance de ressignificar minha trajetória, transformar obstáculos em impulso e fazer dessa experiência uma missão. E essa missão, agora, não é mais só minha. Ela me trouxe até aqui para ajudar outras pessoas a fazerem o mesmo: trilhar seu próprio Plano de Voo e conquistar um novo horizonte.

A paixão pela profissão farmacêutica segue sendo meu motor. Mas, agora, ela se une a um propósito ainda maior: levar esperança a vidas e ajudar profissionais a assumirem, com coragem e clareza, o controle de suas trajetórias.

Agora é com você.

Ajuste seu plano. Assuma o comando. E decole.

O céu não é o limite, é apenas o começo.

“O seu capital intelectual é um ativo vivo, em constante movimento, que só ganha valorização ao ser alimentado com aprendizado contínuo.”

**CARREIRA COM VALUATION**

@mirellafrancomelo

# 10.

# DO FIM AO NOVO COMEÇO

Nunca vou me esquecer da sensação do "dia seguinte" à venda da minha primeira empresa.

Foi uma verdadeira mistura de sentimentos. Como se eu tivesse perdido algo irreparável, em função do rompimento abrupto com uma vida que, até então, era parte de mim todos os dias. De repente, não pude mais ter contato com aquela rotina, com aquelas pessoas, com aquele negócio que ajudei a construir.

Ao mesmo tempo, surgiu outra sensação: a da liberdade. Liberdade de poder decidir o próximo passo sem depender de absolutamente ninguém. Liberdade financeira, sim, mas principalmente liberdade mental. E é nesse espaço entre o luto e a libertação que a gente começa, de fato, a se enxergar de outro jeito.

Meu maior erro, nessa fase, foi não ter me preparado para entender que minha identidade e meu valor eram independentes de qualquer crachá, marca, empresa ou situação externa. Eles sempre estiveram em mim, na minha história, na minha trajetória e nos meus valores inegociáveis. Aprendi isso a duras penas. E é justamente por ter sentido na pele esse vazio existencial que vou insistir até o fim: antecipe-se. Questione os rótulos. Reforce a sua base. Entenda que o valor está em você, não no que você representa para os outros.

Na aviação, nem sempre o plano de voo segue como o previsto. O piloto precisa estar pronto para mudar a rota, ajustar a altitude, recalcular o caminho – tudo para garantir um pouso seguro. Do mesmo jeito, quando decidi vender minha participação na empresa, precisei recalcular a minha rota. A sensação de não saber qual seria o "próximo destino" era muito parecida com a que vive um piloto diante de uma mudança inesperada no trajeto. Foi nesse momento que precisei confiar nos meus instrumentos internos: experiência, repertório e princípios.

Por ter tido uma trajetória profissional sempre muito ativa, minha maior preocupação no pós-venda foi: como ocupar esse novo tempo? Eu não caí na tentação da zona de conforto.

Mesmo sem saber exatamente qual seria meu próximo passo, minha primeira atitude foi abrir uma nova empresa, oferecendo serviços pontuais, sempre respeitando os limites contratuais que me impediam de atuar diretamente no mesmo segmento da minha antiga operação. Paralelamente, intensifiquei meus estudos, como já mencionei, buscando construir novas possibilidades com mais repertório e direção.

Aos poucos, fui me encontrando e investindo em outros empreendimentos que fizeram sentido para a continuidade da minha jornada. Mas um dos maiores aprendizados desse processo foi entender que não precisamos buscar uma nova posição apenas para atender a expectativas externas ou preencher a agenda. Eu precisei me livrar dessa pressa, desse impulso de preencher o tempo com algo, para compreender que o verdadeiro reencontro acontece no vazio. É nesses momentos de pausa e reflexão que encontramos o nosso propósito – o nosso propósito de verdade, aquele que faz sentido para nós, não aquele que os outros esperam que sigamos.

Hoje, meu propósito é claro: mostrar, para o maior número de pessoas que eu puder, a força que cada um carrega dentro de si e o quanto é transformador fazer esse trabalho de valorização pessoal com intencionalidade e consciência. Quando você entende o seu valor, muda o jeito de caminhar, de negociar, de escolher e de dizer “sim” – inclusive para você mesmo.

Falo isso com empatia profunda, porque conheço de perto essa travessia. Esse entendimento se tornou ainda mais pronunciado em mim à medida que observei – na minha trajetória e na de outros profissionais que admiro, como meu marido – um padrão comum entre aqueles que realmente conseguiram mudar de vida: para qualquer transformação significativa que leve à independência profissional e financeira, é necessário perseguir estrategicamente um primeiro bom *deal*.

O que isso significa na prática? Que empreender não é fácil e exige assumir riscos a todo momento. Enquanto você não constrói, de maneira consciente e estratégica, uma reserva financeira que sustente suas necessidades básicas durante a fase de construção, será constantemente tentado a desviar foco, recursos e energia para decisões que atendem apenas ao presente, e não ao futuro que você deseja construir. Ou pior: pode colocar tudo a perder, caso o plano não dê certo por ter sido mal planejado.

Por isso, esse é o primeiro passo que norteia os próximos. Quando você se organiza para dar esse salto com foco e governança, mesmo antes de ter um negócio lucrativo ou validado, algo dentro de você já começa a mudar: você sai do modo sobrevivência e entra no modo realização. Mas é somente após o primeiro evento de liquidez – seja uma venda estratégica, um contrato transformador ou até mesmo a venda do próprio negócio – que você ganha fôlego real para assumir riscos maiores. É aí que o crescimento deixa de ser linear e se torna exponencial.

Muita gente diz que dinheiro chama dinheiro. Eu prefiro dizer que clareza estratégica atrai oportunidades consistentes. Só que chegar nesse patamar requer mais do que coragem. É preciso romper com a mentalidade industrial que nos ensinou a sobreviver e começar a pensar como dono da própria jornada, com ousadia calculada. E este, talvez, seja o maior desafio: atravessar o estágio da sobrevivência.

Ao longo da minha trajetória, eu me deparei com muitas versões de mim mesma. E, em cada fase, enfrentei obstáculos, medos e desafios que me forçaram a crescer mesmo quando tudo o que eu queria era permanecer confortável onde estava. A verdade é que não se trata do que as pessoas esperam de você. Trata-se da pessoa que você decide se tornar.

A cada desafio superado, um novo aprendizado. A cada ciclo encerrado, a vida, com sua precisão divina, me entregou recompensas que não estavam nos planos racionais, mas no propósito profundo: amor, propósito, milagres. Presentes que, no tempo certo, Deus já havia reservado para mim.

Hoje, ao olhar para minha trajetória, entendo que a vida é como a água fervente. E nós, como o café, temos o poder de escolher como reagimos ao calor. Podemos amolecer como a cenoura, endurecer como o ovo... ou nos transformar como o café – liberando nossa essência, perfumando o ambiente, deixando um rastro de presença, mesmo em meio à pressão.

Escolhi ser café.

Que essa metáfora também lhe sirva de lembrete por toda a vida: não importa quanto o mundo aqueça ao seu redor, sempre haverá beleza em permanecer firme, em se reinventar e em transformar cada adversidade em um novo aroma de força e autenticidade.

Por isso, não aceite os papéis impostos. Seja o autor da sua própria imagem, da sua história e da sua trajetória. Tenha paixão pelo que faz, fortaleça o seu repertório, cuide do seu capital intelectual e entre em um círculo virtuoso de aprendizado, evolução e crescimento contínuo.

O conhecimento, aliado à ação estratégica, transforma o caminho e amplia suas possibilidades com consistência e visão. E agora, com o seu Plano de Voo traçado, você já decolou. A cada ajuste de rota, a cada nova tomada de decisão consciente, você estará mais preparado para ir além, porque o céu nunca foi o limite. Ele é apenas o começo de um horizonte que só você pode explorar.

“Não se trata do que as pessoas esperam de você. Trata-se da pessoa que você decide se tornar.”

**CARREIRA COM VALUATION**

@mirellafrancomelo

ESTE LIVRO FOI IMPRESSO PELA GRÁFICA ASSAHI EM PAPEL LUX CREAM 70G EM SETEMBRO DE 2025.